炼
火

炼火

总主编 陈广胜

浙江省非物质文化遗产代表作丛书

周琼琼　陈浪浪　编著

浙江古籍出版社

浙江省非物质文化遗产
代表作丛书编委会

前 言

浙江省文化广电和旅游厅党组书记、厅长　陈广胜

　　中华文明在五千多年的历史长河里创造了辉煌灿烂的文化成就。多彩非遗薪火相传，是中华文明连续性、创新性、统一性、包容性、和平性的生动见证，是中华民族血脉相连、命运与共、绵延繁盛的活态展示。

　　浙江历史悠久、文明昌盛，勤劳智慧的人民在这块热土创造、积淀和传承了大量的非物质文化遗产。昆曲、越剧、中国蚕桑丝织技艺、龙泉青瓷烧制技艺、海宁皮影戏等，这些具有鲜明浙江辨识度的传统文化元素，是中华文明的无价瑰宝，历经世代心口相传、赓续至今，展现着独特的魅力，是新时代传承发展优秀传统文化的源头活水，为延续历史文脉、坚定文化自信发挥了重要作用。

　　守护非遗，使之薪火相续、永葆活力，是时代赋予我们的文化使命。在全省非遗保护工作者的共同努力下，浙江先后有五批共241个项目列入国家级非遗代表性项目名录，位居全国第一。如何挖掘和释放非遗中蕴藏的文化魅力、精神力量，让大众了解非遗、热爱非遗，进而增进文化认同、涵养文化自信，在当前显得尤为重要。2007年以来，我省就启

动《浙江省非物质文化遗产代表作丛书》编纂出版工程，以"一项一册"为目标，全面记录每一项国家级非遗代表性项目的历史渊源、表现形式、艺术特征、传承脉络、典型作品、代表人物和保护现状，全方位展示非遗的文化内核和时代价值。目前，我们已先后出版四批次共217册丛书，为研究、传播、利用非遗提供了丰富详实的第一手文献资料，这是浙江又一重大文化研究成果，尤其是非物质文化遗产的集大成之作。

历时两年精心编纂，第五批丛书结集出版了。这套丛书系统记录了浙江24个国家级非遗代表性项目，其中不乏粗犷高亢的嵊泗渔歌，巧手妙构的象山竹根雕、温州发绣，修身健体的天台山易筋经，曲韵朴实的湖州三跳，匠心精制的邵永丰麻饼制作技艺、畲族彩带编织技艺，制剂惠民的桐君传统中药文化、朱丹溪中医药文化，还有感恩祈福的半山立夏习俗、梅源芒种开犁节等等，这些非遗项目贴近百姓、融入生活、接轨时代，成为传承弘扬优秀传统文化的重要力量。

在深入学习贯彻习近平文化思想、积极探索中华民族现代文明的当下，浙江的非遗保护工作，正在守正创新中勇毅前行。相信这套丛书能让更多读者遇见非遗中的中华美学和东方智慧，进一步激发广大群众热爱优秀传统文化的热情，增强保护文化遗产的自觉性，营造全社会关注、保护和传承文化遗产的良好氛围，不断推动非遗创造性转化、创新性发展，为建设高水平文化强省、打造新时代文化高地作出积极贡献。

目录

磐安县位于浙江中部，地处"四州六县"之交，是天台山、括苍山、仙霞岭、四明山等山脉的发脉处和瓯江、钱塘江、灵江、曹娥江的主要发源地之一，境内山脉纵横，水系交错，素有"群山之祖，诸水之源"之称。独特的地理环境，多元的文化融合，孕育出众多的民间文化遗存，被誉为"东方一绝"的"炼火"是最能体现磐安民间艺术特质的项目。

"炼火"也被称作"火上的舞蹈"，源于上古时代的火崇拜，因"踩火者"需赤脚踩在通红的炭火上表演而得名，至今已有千年历史。在传承演变过程中，"炼火"与巫觋文化、宗教文化、民俗文化交融碰撞，后又与永康方岩胡公等地方神祇信仰相结合，形成了一整套兼具驱瘟、辟邪、祈福、治病等目的的规范仪式。在磐安，每年重阳节、胡公祭日均要举行大型"炼火"活动，场面宏大，气势壮观，原汁原味，刚劲勇猛，体现出中华民族百折不挠、自强不息、勇往直前的高贵精神品质。

近年来，磐安县委县政府高度重视"炼火"的保护传承工作，打造"花溪炼火"品牌，常态化组织"炼火"展示展演，越来越多人走进磐安，现场观看"炼火"；修建炼火场、炼火展示馆等展示传承场所，古老民俗被活化为可看可感、可亲可爱的产品及体验场景；给予政策资金支持保障，发展壮大传承队伍，不断给"炼火"保护传承事业注入新鲜血液。如今，全县已拥有8支"炼火"队伍，每年开展"炼火"展演五十余场次，"炼火"这一古老的民俗活动，正逐渐绽放出绚丽的时代光彩。

今后工作中，如何推动"炼火"高质量传承发展，仍是摆在我们面前的重要课题。我们将以此书出版为契机，加大"炼火"知识宣传普及力度，让更多读者了解磐安"炼火"的历史渊源、重要价值及保护传承情况，吸引更多民众参与到保护传承"炼火"的队伍中去，让以"炼火"为代表的磐安非物质文化遗产从历史中"走出来"、在大众中"火起来"，始终涌动鲜活的生命力，为磐安高质量发展提供更丰富的文化滋养和更坚实的精神支撑。

是为序。

中共磐安县委常委、宣传部部长

李武良

一、概述

『炼火』源于上古时代的火崇拜，并在历史演变中与巫觋文化、宗教文化、民俗文化交融碰撞，形成了以祛灾逐疫、祈福纳祥为主旨的文化活动，主要传承分布于浙江省磐安县西南部深泽、双峰等乡镇。

一、概述

先锋号声响彻云霄，锣鼓唢呐惊天动地。直径十多米的大火坛上，火焰飞舞，火星四溅，一群赤膊赤脚，手执响铃叉、平口刀的大汉，高声呐喊着，在火坛中肆意狂舞穿梭……这就是国家级非物质文化遗产项目——磐安炼火的典型场景。

炼火，磐安当地人又称之为"跑炼金乌"，俗称"踩火""蹈火"。作为一种只在特定的时间和地点举行的民俗活动，炼火已

炼火全景（林明泉摄）

经在磐安这个浙中山区县存在了近千年，在民间拥有极大的影响。随着时代的发展和信息传播手段的丰富，这种集音乐、舞蹈、武术等元素为一体，汇神秘、惊险、威慑等色彩于一身，为磐安所独有的民俗文化活动，逐渐被越来越多的人们所认识，吸引了社会各界的广泛关注。

[壹] 炼火产生的地理人文

（一）磐安县的历史沿革

磐安县位于浙江中部，是金华地区的市辖县，地理位置在东经 120° 17'—120° 47'，北纬 28° 49'—29° 19' 之间，县境南北长 54 千米，东西宽 47 千米，总面积约 1196 平方千米。该县东邻天台，南接仙居、缙云，西连东阳、永康，北与新昌接壤，是台（台州）、处（丽水）、婺（金华）、绍（绍兴）四州交界之地，属中低山为主的山区地貌。

目前磐安县所辖的地域，在历史上分属东阳、永康、缙云、天台、义乌、诸暨、临海等县（市）管辖。元朝时曾设孝义巡检司。清朝初年曾划东阳、永康、天台、缙云四地部分区域，在大盘山区域设置四平县，但在康熙初年即废止。光绪十一年（1885），清政府又设永仙县丞署于桂川（今磐安县盘峰乡樺溪村），并移金华协都司于此，设大堂理事，负责管理大盘山区域的治安和民事，直至民国初年。

1935 年，国民党浙江省政府划永康、东阳、缙云、仙居、天台五县边缘的大盘山区，设"大盘山绥靖区"，俗称"五平县"。1939 年，又取《荀子·富国》中"则国安于磐石"之句，以"磐石之安"牢固不可摧毁之寓意，命县名为"磐安"，县治设在大盘镇。

1949 年 10 月 30 日，磐安解放，建立县人民政府，归金华地区管辖，县城也从大盘镇迁移至安文镇。1958 年撤销磐安县，全境并入相邻的东阳县，历时 25 年，其间部分地区归属多有调整变更。1983 年，经国务院批准，又重新恢复磐安县建制。

目前，磐安县下辖安文、新渥等 2 个街道，尖山、尚湖、方前、玉山、仁川、大盘、冷水等 7 个镇，窈川、双溪、双峰、盘峰、九和等 5 个乡，216 个行政村和 20 个社区，人口 21.31 万。

由于磐安县系四州六县边缘地区合并组成，建制时间不长，所以县内各乡镇乃至村落的方言、习俗、宗教信仰大都受到原属县的影响，各地互有差异，显示出当地民俗文化的多元化特征。

（二）磐安县的地理环境与资源

磐安县境内的山脉以大盘山群峰为中心，主干线向南北伸展，是雁荡山、括苍山、会稽山、仙霞岭的发脉之处，也是钱塘江、瓯江、灵江、曹娥江四大水系的主要发源地。"直上盘山最高峰，千山万壑动秋风。遥观海北千层浪，信是江南第一峰。"明朝诗人陈怀堂的《上大盘山伐木》被传颂至今。这座被历代文人不断吟咏的"江南第一峰"，被地理学家称为"浙东祖山"，素有"群山之祖、诸水之源"之称。

在磐安县境内，有明确称谓的大小山峰多达5200多座，注明标高在1000米以上的有63座，其中清明尖（一称"青梅尖"）1314米，为县境内的最高峰；有海拔1000米以下、500米以上高山峰641座，海拔350米至500米之间的高丘1.72万公顷，350米以下的低丘和滩地2万公顷。故有"万山之国"之誉。总体来看，磐安县境内山地面积占91%以上，耕地占5%左右，具有"九山半水半分田"的地理特征。

磐安境内出露地层以火山碎屑岩为主，岩性复杂，相变剧烈，占全县80%以上，其地质年代可以上溯到两百多万年以前。在尖山镇浙中大峡谷的"夹溪十八涡"区域广泛分布的古代冰臼群，就是第四纪冰川时期的历史孑遗。经中国地质研究所的专家考察，

山祖水源，江南生态养生源（陈兆贤摄）

该区域内由古冰川融化产生的冰臼有两百多个，分布集中度和个体大小都超过了以往发现的记录。这些冰臼的口径大多在 4 米左右，其中最大的"沉钟涡"深度达 28 米，臼口直径达 12 米；保留最为完整、形状酷似螺蛳的"天螺涡"深 8 米，口径 4 米，完整保留了冰川期遗留的风貌，被中国地质研究所韩同林教授誉为"天下第一臼"。

磐安的生物资源非常丰富。全县植被覆盖率高达 80.3%，大气环境质量始终处于国家一级标准，也因此被誉为"浙中绿肺""天然氧吧"。磐安县区域属于亚热带季风区，气候湿润，雨量充足，年平均气温 13.9—17.4℃，年降水量 1551.8 毫米，年日照时长 1715.9 小时，年无霜期达 235 天。良好的自然气候和土壤结构，丰富的矿产资源，复杂多样的小生态环境，给动植物生长繁衍创造了得天独厚的优越条件。在磐安境内，有南方红豆杉、香果树等稀有的国家保护植物，以及金钱豹、黑麂、秋沙鸭等国家一级保护动物，是国家环保总局首批命名的"国家级生态示范区"。

自古以来，磐安就是天然的药材宝库。"浙八味"是浙江中药材的标志和品牌，也是浙江中药文化的具体代表，其中五味主要产自磐安，白术、元胡、玄参、贝母、白芍俗称"磐五味"。2003年，"磐五味"获原产地标记注册认证，2006 年"磐五味"证明商标获国家商标局注册，2016 年"磐五味"获中国驰名商标称号。

磐五味（姚建中摄）

据有关史料，在唐朝天祐年间（904—906），磐安境内就有人工培植元胡的记录。在北宋绍圣元年（1094），磐安山区开始种植白术，并在宋代因盛产白术、白芍、玄参等中药材而赢得"药乡"之称，磐安药材通过越、甬等地销往海外。南宋时，白云山因出产的白芍名贵价高，被称作"白银山"。元代朝廷指定大盘山的淡竹叶为贡品。明隆庆《东阳县志·万历补刊》中记载："白术，玉山民多种以为生，余药皆有之。"清康熙《东阳县志》载："芍药瑞山（今磐安安文）兴贤种。"清康熙《新修东阳县志》载："白术、元胡、茯苓、半夏生植最多，通行各处。芍药、土芎、天冬、香附、独活、丹参、胆草、瓜蒌、细辛、草乌、百部、百合、米仁、栀子、黄柏之类亦时行远。余药俱称道地。"千百年来，磐安中药材因量大质优深受商家青睐，曾有"药花开满若霞绮，元参白术与白

芍药基地(金玉良摄)

芍,更有元胡,万国皆来市"之说。当地百姓种药的传统世代相
传,至今长盛不衰,人们习惯用"家家户户种药材,镇镇乡乡闻
药香"来形容磐安中药材产业发展的盛况。1996年3月,磐安县
被国务院发展研究中心农村经济研究部授予"中国药材之乡"的
称号。根据自然资源普查结果显示,磐安县境内有药用植物1219
种,占浙江省内药用植物种类的68%;动物药材42种。除"磐五
味"外,其他蕴藏量丰富的野生药材还有葛根、前胡、山楂、覆
盆子、金银花、野菊花、乌药、金樱子等40多种。并有国家一级
重点保护植物银杏、南方红豆杉等2种,国家二级重点保护野生
药材物种杜仲、黄连等4种,国家三级重点保护野生药材物种天

门冬、猪苓、龙胆等 6 种。珍稀濒危药用植物有细茎石斛、大叶三七、八角莲、七叶一枝花、独花兰、三叶崖爬藤、斑叶兰、支柱蓼、金刚大等近百种。此外，大盘山内还分布有野生元胡、野生玉竹等道地药材的种质资源，是目前我国唯一以药用植物种质资源为主要保护对象的国家级自然保护区。

磐安还是食用菌生产大县，盛产香菇、木耳、银耳、猴头菇等优质食用菌，是我国最大的鲜菇出口基地，被称为"万山菇国""中国香菇之乡"。茶叶也是磐安的一大特色农产品，"婺州东白"在唐代就被列为贡品；近年来，县内涌现出"磐安云峰""生态龙井""清莲香"等地方品牌名茶，已经形成较好的市场口碑，

大盘山（卢福香摄）

磐安香菇基地（陈筱娜摄）

磐安有机茶园（郭丽泉摄）

磐安也因此获得了"中国生态龙井茶之乡""中国名茶之乡""中国茶文化之乡"的美誉。

（三）磐安县的历史文化环境

磐安是浙江古人类较早的居住地之一，有着极为悠久的文明史。20 世纪 80 年代的考古工作中，在玉山的浮牌、西坑畈，深泽的金钩，以及冷水等地，先后出土了云纹铙、石斧、石矛、石环等珍贵文物，距今已有五六千年之久。2005 年，浙江省文物考古研究所在深泽金钩小园山发现了商周文化遗址，并发掘出土许多有方格纹、回字纹、席纹、卷云纹的印纹陶片。

在磐安玉山的玉峰一带，还曾经发现三国时期的赤乌瓦。据清人卢标所纂《婺志粹·金石志·赤乌瓦》记载："楼蓬莱曰：于玉山从祠得赤乌瓦。瓦致，或取以作砚，若渴水然。存者尚不下百面。""赤乌"是三国时期吴国孙权的年号，为公元 238 至 251 年。像赤乌瓦这样的"年号瓦"，在古代大多作为寺庙建筑用瓦。由此可以推测，三国时期的玉山一带，很有可能已有寺院存在，而规模化宗教场所的存在必然要依托于一定的人口、经济基础，故而当时玉山一带应当已经成为比较密集的人口聚居地，经济也较为繁荣，给寺院的建立创造了基本条件。

南北朝时期，梁昭明太子萧统曾于公元 527—530 年间隐居大盘山，潜心编撰《文选》。在民间传说中，萧统在大盘山除暴安

昭明院（张响林摄）

良，辟药园教民种药，救治四方百姓，为百姓所爱戴，后世尊其为"盘山圣帝"，并为之修建昭明院，塑神像以供奉。五代至北宋初年的名臣卢琰，晚年曾在灵山（今磐安新渥）隐居，至今此地还遗有古井、古槠树、卢氏大宗祠和卢琰故居等遗迹。南宋著名诗人陆游，幼年时随家人躲避战乱，曾在磐安生活数年，后来旧地重游，留下"山重水复疑无路，柳暗花明又一村"的千古绝唱。磐安籍的历史文化名人，还有南宋地理总志《舆地纪胜》的作者王象之、南宋宁宗时的武状元周师锐、清乾隆年间江南七才子之首叶蓁、民国时期的第一任航空署署长张浩等。著名哲学史专家、翻译家陈修斋，近年来在量子科学研究中取得突出成果的中国科学院院士潘建伟，则是当代磐安人的杰出代表。

磐安独特的地理位置、地质和资源条件，给道教文化的发展带来了诸多便利。磐安本是"万山之国"，周边地区亦山势盘结，山谷、洞窟密布，是道教修炼的绝佳场所。道教奉轩辕黄帝和老子为祖师，而磐安所属的金华，就是黄帝文化的重要发源地之一。磐安周边的双龙洞、若耶溪、四明山、金庭山洞、天台山、玉京洞、委羽洞、括苍洞、盖竹洞、麻姑山等，均是道教著名的洞天福地。

南朝至隋唐是中国道教的发展与兴盛时期，众多道教名人在台剡隐居修道，也不可避免地影响到现今磐安所在的区域。此外，道家修炼的主要方法除了却谷食气、炼制内丹外丹，还常常服食药饵，主要药物有黄芩、白术、黄精、灵芝等，而这些药材恰恰是磐安的特产资源。据清代道光年间的《永康县志》记载，如今属于磐安管辖区域内的白云山（海拔 745 米）山顶有东晋著名道教理论家、医药学家、《抱朴子》《神仙传》的作者葛洪的炼丹遗址。道教"净明道"的创始人、被宋徽宗敕封为"神功妙济真君"的晋代著名道士许逊（据传生活在 239—374 年间），也曾经在磐安玉山一带结庐修道，并向当地百姓传授种茶、制茶技艺，被当

赶茶场祭茶神（周济生摄）

古茶场全景（林明泉摄）

地人奉为"茶神"。其结庐之地，后来被辟为古茶场，成为浙江中部辐射数省的茶叶集散地，是目前国内唯一的古代茶交易市场遗址。

与磐安关系密切的道教名人，还有唐人（一说东晋人）羊愔。羊愔原籍泰山，曾经做过地方小官，后来"弃官微服游于括之缙云"，也就是今天的大盘山南麓，寻仙访道，"饵药养气二十余年"，后来经仙人点化，修道有成后成仙。传说羊愔所服食的仙药，就是磐安盛产的香菇，故而后世人称他为"菇仙"，并以"菇乡之祖"尊之。其事迹见于《云笈七签》《续仙传》等道教典籍，其后裔在磐安县双峰乡的大皿村居住繁衍至今，该村也是全国羊姓族裔最大的聚居地。南宋诗人陆游在磐安避难期间，结识了一位名叫"惟悟道人"的道士，后来还特地著文记录下此人。到了元代，位于磐安东北的谷堆山（又称谷将山），成为道教"紫阳派"的"第七十三福地"。据传，紫阳派创始人张伯端的徒孙、磐安人洪罗，奉师命在四顾屏下谷将山中木荷树下结茅修行传道，他"童声宏亮如钟，听道经者伏阶"，还研究茶道，为百姓施药治病，被后人尊称为"小相公"。

直到民国年间，磐安的道教道场还非常兴旺，法事频繁。中华人民共和国成立之后，大多数道士才还俗归家。磐安地区的道教主要为道教两大教派之一的"正一道"，源自汉朝末年张道陵开

谷将山庙会（陈建权摄）

创的"五斗米道"（亦称"天师道"）。正一道士可娶妻生子，其
道统也往往通过家庭、亲族传承，在当地形成"道士村"的独特
现象。

自赤乌以来，江浙一带一直有崇信佛法之风，清代时有"考
前代五山十刹，隶浙者过半"的说法。清雍正时期，永康、东阳
两地就有18座寺观，民国时期佛教寺院、庵堂更盛。抗日战争期
间，磐安地区的佛寺、道观多被毁弃。近年重建的位于白云山的
白云禅寺，始建于明代弘治十四年（1501），是县内规模最大的佛
教活动场所。

白云山禅院（厉金未摄）

　　金华地区自古以来民风淳朴，地方风俗历来敬天畏鬼、笃信神佛，有所谓"好淫祀"之遗风，民间信仰名目众多，磐安也不例外。据《磐安风俗志》记载，磐安人民自古以来信仰虔诚，民众认为世间万物都有神灵主宰，所以信仰繁盛，历史上或民间传说中曾经为百姓做过好事的人物，往往会被民间奉为神祇，为之立庙、树碑、塑像，虔诚供奉。乡村中多有"本保殿"，将龙王、五谷神、土地、财神、文武判官或先代历史人物等供奉为"本保殿主"，以求一保之地的平安顺遂。在当地"本保神"之中，尤以"胡公大帝"的信仰者为多。

　　"胡公大帝"亦称"胡公"，即北宋名臣胡则（963—1039），字子正，北宋永康胡库村人，端拱二年（989）中进士，是婺州有史以来第一个获得进士功名的文人。他历仕太宗、真宗、仁宗三朝，先后在浔州、睦州、温州、福州、杭州、陈州等地担任知州，又入朝任户部员外郎、礼部郎中、工部侍郎、兵部侍郎等官，七十二岁时致仕还乡。为官期间，胡则力主宽刑薄赋，兴革使民，勤政廉政，所到之处，颇有政绩。北宋仁宗年间，胡则官至兵部侍郎，为官期间刚正清廉，为民请命。时值江南大旱，饿殍遍地，民不聊生，胡则奏请仁宗免除衢、婺两州身丁钱，为百姓减轻了极大的负担，故而当地百姓对胡则崇敬有加。胡则与文学家、政治家范仲淹是知心好友，范仲淹曾为其撰写《兵部尚书胡公墓志铭》："进以功，退以寿，义可书，石不朽，百年之为兮千载后。"胡则死后，"民怀其德，户立像祀之"，并在他少年时读书的方岩山顶立祠庙来纪念他，以香火奉祀。后有广慧寺僧人造胡公庙，四处宣扬胡公信佛吃素以招揽信众、募集香火，进而宣称胡公修成正果成为"胡公大帝菩萨"，使胡公信仰进一步得以流传，胡公逐渐成为浙江民间广为信仰的地方神。后世历代王朝为巩固统治，也多次神化胡则，一次又一次给胡公加封，乃至封其为"大帝"。自宋代建庙以来，方岩胡公香火日盛，每年的农历八月十三（传为胡则生日）前后举行庙会，俗称"兴胡公"，白天叠罗汉、舞拳

热闹的迎胡公现场（马时彬摄）

双峰炼火（郭丽泉摄）

深泽徐公岩（陈晓华摄）

术，晚上进行炼火表演，世代相沿，成为民间传统活动。据《金华府志》记载："邑人奉祠唯谨，每岁秋仲，浙东西来礼于祠者，率数百万人。"在浙江金华、温州、丽水等地民间，胡公信仰具有非常广泛的影响。深泽各村奉迎胡公的香案，俗称"临山案"，以仪式庄重、队伍庞大而昭著，世代沿袭，迎案不辍。由于当地神祇信仰历史悠久，每当人们久病不愈、家事不顺、晦气破财，或有人身患怪病，往往求佛许愿，祀神消灾，于是产生了"打道场""积阴功""太平星""盂兰盆"，乃至各种庙会及"迎案""开光""游桥""靠山""接龙"等祭祀仪式，每年重阳节前后，邻近几县乡民都要前往永康方岩胡公祠祭拜。

　　除胡公外，朱相公、关公、禹王、军七公等神灵在当地民间也有较大影响，故清雍正《浙江通志》中有云："山川百神，凡有功德于民者，咸崇秩祀，所以合幽明、达诚敬也。盛朝五礼修明，而于崇德报功之典为尤重焉。维浙东西岳渎之祀，典礼有加，遍于群神，有举莫废……"《磐安风俗志》中亦有记载："山区人民信仰虔诚，以为万物都有神祇主宰。玉皇大帝主宰天下，南斗主生，北斗主死；省、府、县都有城隍，乡有乡庙，保有保殿，家有家堂。山有山神，田有田公田婆，树有树神。洞有洞主，桥有桥神，门有门神，灶有灶神。眠床、猪栏、牛栏也有神主管。自然现象是神的意志的表现，风有风伯，雨有雨师，雷有公，电有婆。人则生而为英，死而为灵。因此，在山区深泽之边，巨石之旁，或山形奇特之所，均建殿造庙以奉神。"

　　茶文化、药文化、农耕文化、民间信仰文化等特色鲜明的地方文化元素，相互交融，形成了磐安深厚的文化底蕴；群山环绕的地理环境，又导致旧时县内交通条件较为落后，各种类型的民俗文化因此得以较高程度地保留了原始风貌，使磐安民俗文化呈现丰富多彩的地方特色。在磐安现存的民俗文化活动形式中，"赶茶场""迎大旗""炼火""大祭马""大凉伞"等，都有着鲜明的地域文化特征，为其他地区所未有。

赶茶场之秋社踩街（林明泉摄）

迎大旗（郭丽泉摄）

[贰] 炼火的历史渊源

（一）磐安炼火的历史文化成因

1.源自远古的火崇拜

在人类演化过程中，火起到了非常重要的作用。因为有了火，原始人类可以根据自己的意愿取暖、烹制熟食、照明、驱逐野兽等，后来还通过对火的应用，烧制陶器、冶炼金属，以此制造劳动工具和生活用品。在使用火的过程中，人类对火的认识，也从一种可怕的、会给人带来伤害的自然力量，逐渐演变为可以支配的、可以用来改变世界的工具。战国时韩非在《韩非子·五蠹》中说："上古之世……民食果蓏蚌蛤，腥臊恶臭而伤害腹胃，民多疾病。有圣人作，钻燧取火以化腥臊，而民说之，使王天下，号之曰燧人氏。"古籍《三坟》中也有"燧人氏教人炮食，钻木取火，有传教之台，有结绳之政"的说法，充分反映了在原始社会的生产与生活活动中，先民对火这种神秘力量的崇敬心理。考古工作者曾经在河南陕县庙底沟新石器时代遗址中的陶器上发现了火纹，也可以印证这一点。作为人类掌握的一种自然力量，火已经伴随人类社会走过了数万年的发展历程。如《淮南子·天文训》中就说："天地之袭精为阴阳，阴阳之专精为四时，四时之散精为万物。积阳之热气生火，火气之精者为日。积阴之寒气为水，水气之精者为月。"可见中国先民们不仅对火心存敬畏，甚至还视其为宇宙

万物的本源之一。

　　由于历史资料的缺乏，磐安炼火究竟起于何时，目前尚无法考证，从当地口口相传的诸多说法中也无从推测确切的时间。但从炼火习俗主要分布在磐安金钩商周文化遗址附近村落的情况来看，其起源可能与这些地方的历史文化底蕴密切相关。2005年，浙江省文物考古研究所为配合诸永高速公路磐安段建设，在深泽金钩文化遗址小园山背进行发掘工作，出土了许多带有方格纹、回字纹、席纹、卷云纹等纹饰的印纹陶片，还在岩石层中发现了52个圆形或椭圆形柱洞，柱洞内堆满熟土，而且内含木炭、炭灰、红烧土等。这可以充分说明，在3000多年前的磐安深泽一带，火已经得到了很好的利用。

　　此外，在炼火习俗分布的核心区域深泽村附近，有一座七星殿，也称"火神庙"，初建于何时无从考证。据当地村民传说，此殿是为其对面山上的徐公岩（亦称"火星岩"）而建，建庙的目的是为避免因火引起的灾难，但所供的火神却不是通常认知中的祝融氏，而是司水之神真武大帝。常见的自然灾害，以水、火最烈，《广东新语·神语》中有"真武亦称上帝，昔汉武伐南越，告祷于太乙，为太乙锋旗，太史奉以指所伐国。太乙即上帝也，汉武邀灵于上帝而南越平，故今越人多祀上帝"的说法，在磐安这片森林稠密、火灾多发的古越国故地，把真武大帝作为火神供奉，以祈求消除因火引发的灾情而举行炼火活动，亦在情理之中。如今磐安有炼火习俗流传的区域中，虽然没有专门的"祭火神"民俗形式，但炼火仪式全过程与火相关，还有特别的"送火神"环节，可以视为古代火神崇拜的一个佐证。

2.古代"祓除"祈福习俗

中国古人对火的情感具有鲜明的两面性。一方面对火的破坏力心存敬畏，一方面又对火寄寓了驱逐疫病灾邪的期待，并由此衍生出以火进行祈福的习俗，甚至成为宫廷仪式。如《后汉书·礼仪志》中载："先腊一日，大傩，谓之逐疫。……因作方相与十二兽舞。欢呼，周遍前后省三过，持炬火，送疫出端门。门外驺骑传炬出宫，司马阙门门外五营骑士传火弃雒水中。"说的是就在腊日前燃火逐疫的宫廷礼仪。

据《东阳风俗志》中记载，除夕之夜，当地农家多备福礼祭神，举行"谢佛"仪式，待供礼摆列毕，家中男子焚烧稻草，"沐火浴"，以示濯除污秽之气；霜降前夜，农家于田边设坛祭天地，用以祈求翌日无霜。祭时，堆稻草、麦秸、柴禾等诸杂物，点燃火堆，俗称为"驱霜鬼"。与这些地方民间习俗相类似，在炼火仪式正式开始时，所有参与者也都要先"洗火浴"，以这种方式来洁净身体。此外，民间举行炼火仪式，目的多为祈求神祇降福、风调雨顺、五谷丰登、国泰民安，或者在地方出现自然灾害、疫病，

村民生病之时祈求禳解灾祸。若有人生病久治不愈，又无法进行炼火，也要以"沐火浴"进行代替，即用一小堆稻草放在地上点燃，生病的人从上面跨过去，或者由家人背着病人跨过火堆，象征疾病会被火带走，从而起到心理治疗的作用。从这些现象可以推断，炼火仪式的形式和内容，和古代"祓除"祈福习俗有着密不可分的联系。

3. 阴阳理论与道教文化

如前所述，磐安地区自晋唐以来就是道教修炼的洞天福地，道教文化在此传播的一千多年中，难免会与地方民俗文化互相影响和交融。在磐安当地影响极大的"龙虎大旗""大祭马"等民俗活动，就有着明显的道教文化元素。炼火自然也不可避免地带有道教文化的痕迹。

在炼火仪式组织、举行的过程中，"山人"是一个非常重要的角色，不仅起到主持者、主导者的作用，还是所有祭祀环节的主祭法师。在相当长的一个历史时期内，山人这一角色都由道士担任。磐安地区的道教主要为正一派，道士可以娶妻生子，即所谓"火居道士"。20世纪前半叶，由于战乱频仍，磐安地区的宗教场所毁弃严重，许多道士不得不离开宫观归家生活，只有在举行法事的时候才显示自己的道士身份。现在炼火仪式中担任山人、降偢的，大都从亲族长辈那里获得过相应的传承，在主持炼火祭祀

盛大的祭马会现场（马时彬摄）

时也都基本依照道教科
仪进行。

　　重阳节是举行炼火
仪式的主要时间点，这
一日期的选择也有着道
教文化的象征意义。在
传统阴阳五行理论中，
天为阳、地为阴，日
为阳、月为阴，男为

山人（马时彬摄）

阳、女为阴，奇数为阳、偶数为阴，火为阳、水为阴是最基本的
概念。被道教奉为圭臬的《易经》中有"阳爻为九"的说法，以
"九"为阳数，又为"极数"（即最大数），九月初九，日与月皆逢
九，是谓"两九相重"，故曰"重九"，同时又是两个阳数合在一
起，故谓之"重阳"，是九九归一、一元肇始的吉祥日子。在中国
古代，素有重阳节饮宴祈寿的风俗，如果在这一天举行仪式驱阴
迎阳，就能起到扶助阳气、延长寿命的效果。如董仲舒《春秋繁
露·阳尊阴卑》云："阳方盛，物亦方盛；阳初衰，物亦初衰……
贵阳而贱阴也。恶之属尽为阴，善之属尽为阳。阳为德，阴为刑。"
在重阳节炼火，就是驱阴迎阳，壮大体内阳刚之气。从这个角度
来说，磐安九月九炼火是对中国传统阴阳哲学观念的生动演绎。

炼火流程中的一些规则和禁忌，体现出了明显的道教养生观念。《云笈七签》说："男子守肾固精……守心养神，炼火不动。若久久行之，自然成真，长生往世，不死之道也。"说的就是道家养生术中收敛精气、保全体内阳气的观点。在磐安炼火的准备、举行过程中，最重要的就是严格遵守阴阳禁忌。如炼火的直接参与者必须为男性，在炼火前的七天内要禁止性生活，以保全体内阳气；炼火过程中，炼火者不能和女人说话或有身体接触，女人不得进入火坛区域等。这些阴阳禁忌至今仍被严格遵守，是道家养生术的民间仪式性遗留。

4. 民间信仰

据清光绪二十一年（1896）九月重修的《深泽陈氏宗谱》记载，深泽村始建于宋嘉定年间（1208—1224），始祖陈梦圣，即陈达，距今已有800多年历史。深泽之村名，意为地处深山之内的村庄。据深泽村中年长者介绍，本村炼火，代代相传，自有深泽村起就有了炼火的风俗。宋代以前，炼火一般在重阳节举行，后来永康民间出现了胡公大帝信仰，当时隶属永康的深泽一带百姓受其影响，也开始在农历八月十三胡公生日前后举行炼火仪式。

除胡公大帝外，磐安炼火时敬奉的神灵还有军七公、朱相公、本保土地等，均为保一方水土、护一方平安的民间神祇。

军七公是仙居的一位神仙，亦称君七公。据民间传说，古代

磐安一带曾经久旱无雨，庄稼颗粒无收，百姓想尽办法求雨无果，只好跋山涉水赶到仙居，找到了军七公。军七公听说此事，一路施雨前往皿川，帮助百姓解决旱情。军七公离开后，百姓们雕刻了他的神像进行供奉，并在他坐过的稻田上堆起木柴，在晚上点燃，众人在火场上欢歌起舞，以示纪念。另据《磐安县风俗志》记载，军七公有神力，能呼风唤雨，多次为百姓降甘霖驱旱灾，后于高二乡八堡鸡笼岩跳崖得道成仙，故百姓供奉以纪念他。

朱相公，传说是一位有神力的卖盐郎。由于磐安地区多山，交通不便，村民日常所用食盐难以买到，导致多病乏力，朱相公用其神力化出食盐，使村民免除了出山买盐的辛苦。村民们感念他的恩德，由此开始信奉"朱相公"。

（二）磐安炼火的传播与分布

炼火这一民俗文化形式，历史上在东阳、永康、磐安县内都有留存痕迹，现在则主要分布在磐安县南部新渥街道深泽社区、双峰乡东坑村、双峰乡大皿村、仁川镇方山村、盘峰乡大岭头村等地。其中尤以新渥街道深泽社区和双峰乡大皿村、东坑村的炼火仪式保存相对完整，影响也比较大。

深泽社区位于磐安县西南部，是磐安新城区的核心区块，距县城8公里，始建于宋嘉定年间。深泽山清水秀、风光秀丽、民风淳朴，其历史悠久，境内有商周文化遗存，文化底蕴深厚。其

民俗文化项目有炼火、
乌龟奉茶、四轿八车等。
其中，炼火是群众参与
面最广、参与热情最高
的一个非遗项目。深泽
社区在地理位置上北邻
罗家村，该村是很有名
的道士村，以邱姓为主，
传承正一灵宝派；东临

乌龟端茶（姚建中摄）

仰头村，该村的崇佛氛围浓厚，村中由中年妇女组成的专业演佛
戏"西方乐"的佛友班，经常出外演出；南临金钩、西华坑口等
村，都是佛教盛行之地；西临永康方岩，上有胡公信仰的核心胡
公庙，千百年来香火不断。由其地理位置可见，深泽社区处于多
个各种宗教信仰氛围浓厚地区的中间地带。除却地理位置上毗邻
佛道氛围浓厚的村子，深泽社区内部也建有七座庙，并在不同时
间举行庙会。受这种多元化的信仰氛围影响，该社区的炼火仪式
融合了多种多样的佛道元素。比如炼火仪式期间的民间文艺演出
"大头舞"，即面具舞，是古代以傩驱邪仪式的残存；"西方乐"为
佛教仪式舞，却参与道教的祭典，反映了佛道合流的倾向，民间
百姓希望借助佛道的超凡力量来禳除现实中的困厄。

四轿八车（马时彬摄）

大头舞（吴利良摄）

　　双峰乡大皿村距磐安县城 20 公里，面积 4.2 平方公里，始建于唐武宗年间，由晋代名将羊祜的后人、该村羊氏始祖羊愔创建。《皿川羊氏宗谱》中记载："吾乡羊氏为缙著姓，溯唐武宗时有任嘉州夹江尉讳愔公遭乱弃官，来游是都，遂于皿川卜宅。"另据《中国人名大辞典》记载："羊愔以明经授夹江尉，后隐于括苍山，一日与青莲道士饮酒，误食青灵芝羽化登仙。"据传他所"误食"的"青灵芝"就是磐安地区盛产的香菇，他也因此被后人尊为"菇仙"。大皿村的羊氏后裔繁衍逾千年，是目前国内最大规模的羊姓族人聚居地。大皿村坐东北面西南，是双峰乡政府所在地，整个村落以皿溪为中心，集古屋、古巷、古桥、古井、古树、古墓、古风、古韵于一体，被誉为"江南小凤凰"。羊氏后人素有尊师重教之风，儒家文化气息浓厚，至今村中仍保存着节孝坊、德清坊等遗迹，有丰富的历史人文气息。大皿村的民俗文化活动有八月十三迎胡公、正月十五灯会、炼火等，其中大皿白竹胡公案堂是五云三都（即原缙云所属的廿七都、廿八都、廿九都）九个胡公案堂中现存最为完整的一个案堂。由于传说胡公生前喜欢观看炼火，所以大皿村每年在胡公生日前后举行炼火仪式，并将胡公请下案堂，以保佑一方平安。

　　此外，在大皿村还流传着羊愔"跑炼乌金"使村中人丁兴旺的传说。相传在唐武宗年间，羊愔弃官后刚到皿川之时，皿川地

区天灾频发，村民敬仰其名声才学，向其询问避灾之法，于是羊愔提出举行古时的"祓除"仪式。举行这一仪式时，村民在空旷的地方燃起大火堆，并且全村的人要手拉手围绕火堆转，甚至让一些有勇气的村民手持铁铲等道具在火堆中来回撩拨，挑起阵阵火光，以此吓退"妖孽"，直至火堆被炼平，仪式才算完全结束。传说仪式后村里竟真的太平无事。到宋徽宗崇宁三年（1103），皿川羊氏发展到第十代，家族人丁凋落，当时当家的进士羊永德想起先祖的"祓除"仪式，就想借仪式来"驱妖孽"，以兴羊氏一族。于是在公元 1104 年，羊永德举办了一场声势浩大的仪式，选择几名胆大之人，让他们半赤身、赤脚冲入火堆，在火中用铁铲等器具来回撩拨火堆，扬起火焰，希望通过这种仪式来表达"人定胜天"之意，让羊氏族群再次繁衍壮大。自此以后，羊氏真的开始兴旺繁衍，所以羊氏子孙对火十分崇拜。至此，"驱妖孽""祓除"仪式已有现在炼火的初步雏形。

炼火习俗虽然分布较为广泛，但由于磐安县内群山错落，旧时村与村之间被山阻隔，交通交流不便，使各村落民俗文化的发展处于相对封闭的环境中，这种情况直接导致了炼火仪式在不同村落中的差异。其中最为明显的就是仪式中表现的地方信仰的不同，如大皿村信仰胡公大帝，同为双峰乡的东坑村则信仰军七公，深泽仰头村信仰朱相公，这些不同的神灵信仰导致每个村落都有

火上舞蹈（郭丽泉摄）

各自独特的仪式体系，使炼火仪式的表现更加多样化。当然，这种信仰的差异具体到炼火仪式中，主要体现在各村落迎奉的神灵、念诵的经文等细节上的不同，整个活动的基本流程仍大体保持一致。总体而言，无论炼火仪式在形态上存在怎样的差异，其核心本质都是相同的，都具有祈福禳灾、保平安、求好运等信仰目的。

二、炼火仪式

每年重阳节和胡公祭日，磐安西南山区部分村镇都要举行炼火活动。各地炼火仪式不同，深泽乡一带称『炼火海』（圆饼状火坛），双峰乡一带称『炼火山』（山丘状火海），双峰乡一带称『炼火坛』。炼火程序主要分为前期准备、烧火、开水火门、踩火、谢火五个阶段。

二、炼火仪式

[壹] 炼火准备

炼火习俗主要分布在磐安西南部的部分乡镇。虽然分布地域相对集中，但由于各村落的民间信仰不同，炼火仪式的内容、环节也存在一定的差异，从而呈现出不同的表现效果。

磐安炼火通常在夜间举行，时间以农历九月初九重阳节这一天为多，其次则是农历八月十三胡公大帝生日前后。在部分地区如仁川镇的方山村，惯例是在每年农历六月十三炼火，也有村落在农历五月十六炼火，呈现民俗的区域化特征。此外，如果地方上发生灾祸、瘟疫，或是村民生病这些特殊事件时，也常会以炼火仪式的形式来祈福驱邪保平安。但总的来说，重阳节仍是磐安炼火最常选择的日期。

自非物质文化遗产保护工作开展以来，磐安炼火逐渐从纯粹的民俗文化活动向民俗文化表演的方向转移，其举行的目的也由"娱神"转向"娱人"。除正常的民俗型炼火仍基本保持在原有固定日期举行外，更多的表演型炼火的日期大都"按需确定"，使活动更趋多元化。

炼火仪式的举办场地一般选在露天的平整广场或晒场，参加人数几十、上百人不等，活动有一定的禁忌戒规、仪式和程序，包括祭坛定叉、敕坛、宰鸡淋血、召将请圣、发符焚牒、开水火门、催降赴炼、扫魁、谢火送佛、施孤魂等诸多环节，其中最具表现力的内容，也是整个仪式最核心的内容，则是"踩炼"。踩炼之时，炼火场地正中的圆形火坛上，上千斤烧红的木炭火光冲天，数十名赤脚赤膊的精壮男子手持响铃叉、平口刀等法器，在主持者的指挥下冲进火焰之中，反复穿梭，高歌狂舞，动作彪悍粗犷，气势极为壮观，淋漓尽致地重现了古代人民战胜自然的大无畏精神和对美好生活强烈向往的心态。

因为各个村落传承的不同，炼火的具体表现形式也存在一定差异。常见的火坛样式主要分为两种，即圆饼式火坛和山丘式火坛。圆饼式火坛是在火坛范围内将木炭平铺呈圆饼状，炼火者在火中往返奔跑呼喝，俗称"炼火海"，主要流传在深泽乡、仁川镇一带；山丘式火坛则是将木炭堆成山丘状，炼火者在火堆上下踩炼，并用平口刀将炭火扬至空中，直到将火堆踩平，寓意为"平平安安"，俗称"炼火山"，主要流传在双峰乡一带。这两种表现形式各有不同的表现技巧和展示效果。

"踩炼"场景宏大、气势壮观，而在炼火仪式的其他环节，以及踩炼炭火的过程中，还少不了其他地方特色浓郁的民俗表演的参与。如在整个演练过程中，场外一直有锣鼓、唢呐等乐器伴奏，有"西方乐""大花鼓""大头舞"等音乐舞蹈表演形式烘托气氛，以及侯阳高腔、婺剧乱弹、时调等戏曲演唱，曲牌多选"点绛唇""满江红""朝天子""小桃红"等，使炼火呈现出音乐、舞蹈、戏曲、体育融合的艺术特点。近年来，地方民众还尝试在传统基础上增加了钻火箍、在火堆中滚叉、武术与阵图等表演，在保持地方特色和原有文化元素的基础上，使炼火仪式更具观赏性。

（一）场地准备

在炼火仪式举行之前，首先要确定炼火的具体地点，一般为泥质、平整的空旷土地，如晒场、房基、操场，或者村口较为空旷的地方，并且要远离河流和居民住所。场地必须是平坦的泥地，

深泽炼火场地（周琼琼摄）

定方位（周琼琼摄）

定方叉（陈建权摄）

不能选择水泥地。据炼火艺人介绍，因为炼火时的火坛直径十多米，使用炭火上千斤，在炼火的过程中，火坛核心区域会长时间保持数百度的高温，如果是水泥地，会因热膨胀而炸裂，影响炼火人员安全。同时，由于炼火仪式围观者众多，除了本村村民，近年随着旅游业的发展，也吸引了许多外地游客，所以选择的场地要足够大，一般需要能够容纳数百人。选定地点后，要先将场地上的杂物清除干净，特别是地面上凸出的石头和金属物，以免在炼火过程中刺伤表演者的脚底。

确定场地后，需要先进行定方位，由主持炼火仪式的山人（多为道士担任）或降侗在地上用石灰划出一个直径10—20米的圆圈，即为炼火场的核心区域"炼火坛"。火坛中央分阴阳，外画八卦，并用罗盘定位炼火场的东、南、西、北四个方向，在四个方位点上火把，或插上俗称为"四门叉"的钢叉。

炼火开始前，需在炼火场的东北方设供桌一张，坐东朝西供奉神位，放置米饭、豆腐、清水、蜡烛、香火等贡品，供桌前还需设方桌一张。

（二）物资准备

炼火所需的主要物资是木炭，以往多为举行炼火仪式的村子中的村民自愿捐助。在炼火前几日，由工作人员挨家挨户收集，一般为每户一箩筐，5公斤左右。如果村民家中有人生病，希望通过炼火来进行祈福的，一般会捐助七八箩筐。根据举办村的大小，炼火仪式的规模也会做相应调整，所需木炭一般在500至1500公斤之间。以往炼火收集的木炭大多是村民自家烧炼的，木炭要求不过水，因为过水的木炭在燃烧中可能会多烟少火。如果村民捐助的木炭未能满足举行炼火的需要，其余所需部分由村集体补足。近年来，由于农村已普遍使用燃气灶，木炭用量减少，已逐渐采用村民捐助资金、由举办方统一采购木炭的形式来进行前期准备。

除木炭外，还需要准备一部分用来引燃木炭的柴草。现在为了缩短引火时间，大多用柴油、干柴来引火。

（三）人员准备

根据在仪式中承担的职能，参加炼火仪式的人可分为主持者、炼火队员、活动参与人员三类。其中主持者起到引领炼火仪式流程中各个环节之间的转换和衔接的作用，又可以根据承担的任务不同而分为三种角色，即山人、降侗和香官。

1.山人

山人是炼火仪式中的祭祀法师，一般由道士担任。在炼火仪式中，山人身穿道袍，戴纯阳道帽，主要负责"发文牒请神""开水火门""送神"等程序。

在双峰乡的炼火仪式中没有山人角色，其职能由降侗承担。

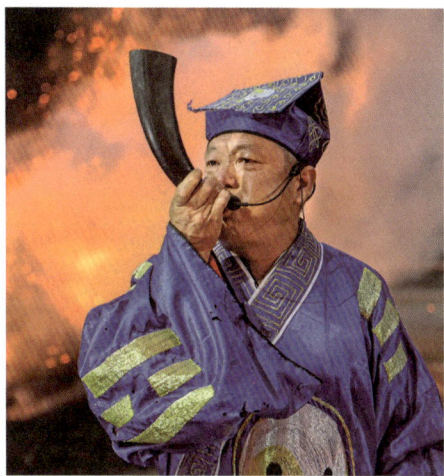

山人（陈建权摄）

2.降侗

"降侗"（有的文本资料也作"降胴"）在炼火仪式中，是神灵"下凡附体"者的角色。在仪式过程中，降侗赤膊赤脚，着蓝色棉布裤子和白色束腰，主持"催降炼火""扫耗""送火神"等环节。

在深泽炼火仪式中，"扫耗""送火神"等程序，由降侗与山人在炼火场地内的不同地点同时进行；双峰炼火中则由降侗一并承担。

降侗（陈建权摄）

3.香官

香官是炼火仪式中的"引路人"，一般身穿传统服饰，配合山人和降侗，在仪式的整个过程中，负责点香、拎香灯、烧"黄裱纸"、引领众炼火者踩火等环节。

山人、降侗、香官是炼火仪式的主持人和引领者。在炼火民俗文化传承发展的过程中，特别是近年来随着时代和大众欣赏趣味的发展变化，三者之间的界限也逐渐被打破，常有山人同时担任降侗或香官的情况出现。

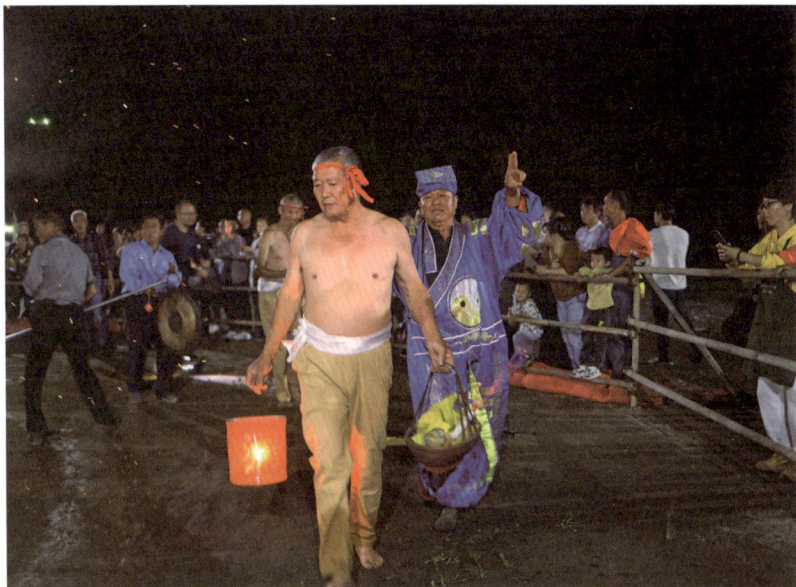

香官（陈建权摄）

4. 炼火者

在传统炼火仪式中，一般由举行炼火的村落中每户人家出一名男丁参与。炼火者必须为男性，多为青壮年。炼火者人数通常视村落大小、木炭多少而定，少则十余人，多可上百人，一般以四五十人居多。在炼火过程中，炼火者赤膊赤脚，着兽纹布裙或蓝色棉布裤子和白色束腰，手持钢叉、平口刀等法器。

按照传统习俗，在实际的炼火人员选择中又有一些限制。如命格"五行属火"的男丁不能参加炼火，因为按照传统阴阳五行理论，命格相冲会给该男丁带来伤害；爱出脚汗、腿毛长的人不

炼火者（周济生摄）

能参加炼火，以避免火炭粘附在腿脚上，造成对身体的损伤。

炼火仪式的目的不同，也会对参与者提出不同要求。如双峰炼火仪式根据目的不同可分两种，即节庆时的"平安火"和因家中有人久病不愈而举行的"生病火"。"平安火"的目的为敬礼、祈福，其火务求纯净，因此有狐臭等浓重体味的人、身患疾病的人就会被排除在外；由病人家举行的"生病火"，目的是祛邪治病，在仪式上由家人搀扶病人"过火山"，以达到治疗的作用。

5. 其他参与人员

其他参与炼火仪式的人员主要负责乐器演奏、点火、煽火等辅助工作，大都要求男性。由于传统观念的影响，女性被禁止参

生火人员（周琼琼摄）

与炼火的重要环节，特别是最重要的"踩火"环节，更是严格禁止女性参与，甚至严禁女性进入炼火坛的范围内。在炼火者"净身"环节之后，炼火者也被严格要求不能与女性有身体接触和语言交流。之所以如此，应该与传统观念中女性属阴、身体"不洁"的重男轻女思想有关。随着炼火内容的逐渐丰富，除了仪式的主体流程，女性可以参与打花鼓等民俗文艺表演，以及诵经、洒净水等辅助环节，但火坛范围内仍然是女性的"禁区"。

诵经者（周琼琼摄）

（四）器具准备

炼火过程中所需的各类器具，大体可以分为法器、乐器、工具三大类。

1. 法器类

即在传统文化认知中，具有沟通神灵、驱除邪秽等神圣功能的器具。炼火常用法器主要包括：

（1）宝剑

山人进行祭祀仪式时使用，起到镇妖祛邪的作用。

（2）龙角

龙角是炼火过程中使用较多的法器，多用山羊角制作，由山人执掌使用。在炼火的过程中，每个环节的起始，或者每段经文念诵完毕时，山人都会吹响龙角，起到召神接佛的作用。

（3）镇坛木

镇坛木亦名"惊坛木"，为略呈梯形的木块，底面平坦，顶部稍有隆起，通体漆成红色，置于神坛之上。山人行法之时，以镇坛木拍击神坛坛面，以威吓妖魔鬼怪。

（4）神牌

神牌为木制，是炼火仪式中祭祀、迎奉的神灵牌位。根据各村落信仰的差异，迎奉的神灵也有不同，如双峰乡大皿村供奉的是胡公，同为双峰乡的东坑村则供奉军七公，新渥街道深泽村信

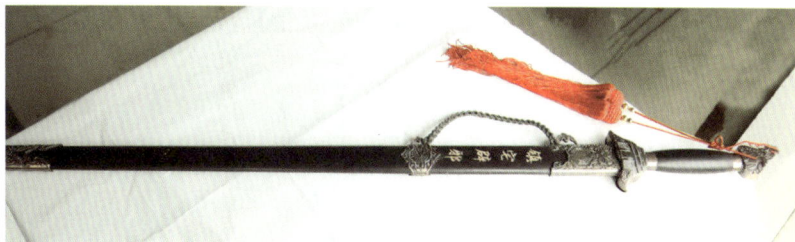

宝剑

龙角

镇坛木

神牌（陈建权摄）

仰朱相公。炼火仪式中作为迎奉对象的其他神灵，还有五圣太祖、小龙圣龙王、本保土地等。

（5）麻鞭

麻制的神鞭，亦名"龙鞭"，为山人净道之用。在炼火仪式中，山人执麻鞭用力抽打，用以驱赶妖魔、辟除邪怪。在开水火门之前，山人会在炼火坛的东、南、西、北四个方向甩打神鞭，并收拔四门叉，以示妖魔鬼怪已被驱散，邪气无法进火坛。

（6）扁鼓

扁鼓又称"手鼓""雷公鼓"，山人在祭祀仪式中，通过击鼓来沟通天地神灵，请雷公下界降妖除魔。扁鼓为圆形，鼓框为木制，两面蒙羊皮或牛皮，鼓面直径约28厘米，厚约18厘米。使用时，山人多一手持鼓置于胸前，一手执木制鼓槌敲击；也可将鼓置于鼓架或桌案上，手执鼓槌敲击。扁鼓是山人主持炼火仪式过程中使用较多的法器，常与龙角交替使用。

（7）铁索

铁索为粗约5厘米的铁链，是山人"开水火门"时使用的法器。

（8）响铃叉

铁制，叉头呈"山"字形，叉头下有铁环数片和木质手柄，柄杆漆成朱红色，执叉摇动时铁环相互撞击发出声响，起到镇妖除邪之功效。炼火仪式中使用的响铃叉一般有12把。

麻鞭

扁鼓

铁索

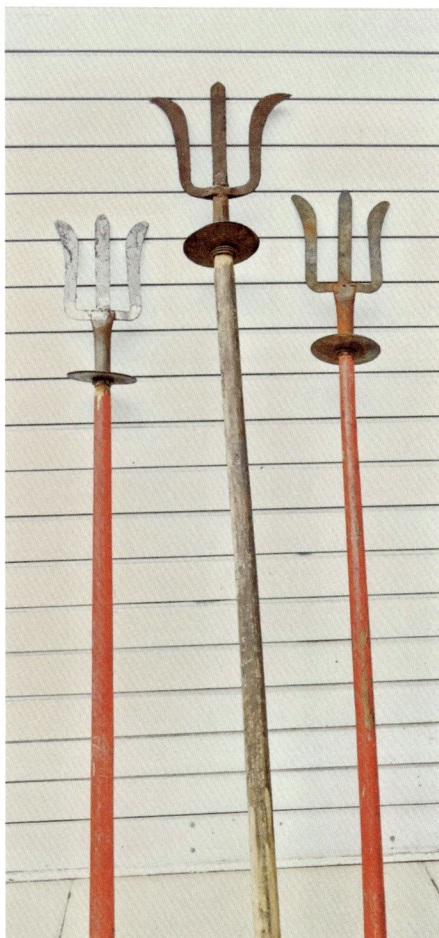

响铃叉

（9）平头刀

炼火者在仪式中专门使用的法器，形状与菜刀相似，刀柄处

连接长棍，在踩炼火坛时用来掀起炭火。

（9）圣告

山人祭祀时用来占卜的法器，为两件椭圆形铜制品，一面凸起、一面凹陷，形状与贝壳略微相似，其凹面为阳，凸面为阴。占卜时，山人扔出圣告，如果落地时呈一阴一阳之状，即表示神灵已经请到。

（10）木鱼

炼火使用的木鱼与佛教、道教仪式中使用的木鱼相同。在炼火仪式正式开始之前，常由妇女念经做佛戏，一边念经一边用木槌叩击木鱼出声，以此均衡念诵的节拍，具有打击乐器之功用。

（11）碰铃

俗称"钟"，亦称"响盏"，

平头刀

圣告

木鱼

碰铃

文水碗

形似铃铛而无舌，金属制，有木制长柄。做佛戏时，妇女们一手执碰铃，用细钢棒敲击发出清脆响声。碰铃与木鱼一样，也起着均衡节拍、使念诵具有节律的作用。

（12）文水碗

常用普通饭碗，盛以净水，供奉在神位前，并在祭祀中使用。

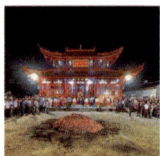

2. 乐器类

在炼火仪式前期的请神、游神、做佛戏诵经，以及踩火的过程中，常常伴以乐曲演奏，以烘托气氛。

（1）先锋

先锋是浙江、江苏、安徽一带民间吹打乐和戏曲伴奏中的常用乐器，又名"招军""长尖""长号"，为铜制，分为可伸缩的三节，全部伸直后长度达 180 厘米左右。先锋吹奏有一定难度，只有掌握正确的运气方法，才能吹出嘹亮高昂的声音，起到引领乐曲演奏、召集观众、活跃气氛的作用。

（2）大钹

又称"大镲"，圆形，铜制，直径约一尺，根据鼓点来敲打

先锋

节奏。

（3）大锣

铜制，圆形，锣面直径一尺有余，除乐曲伴奏外，还在请神催降、踩火等环节烘托气氛。

（4）小锣

当地俗称"锡锣"，铜制，圆形，中心稍突起，锣面直径约一尺，通常和大锣相随敲打。

（5）唢呐

炼火仪式中使用的唢呐，杆长约33厘米，吹口约5厘米，当

大钹

大锣

小锣

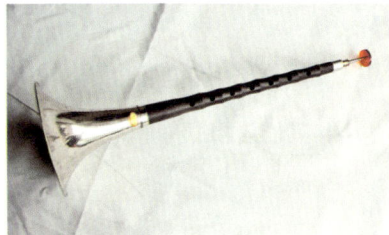

唢呐

芭蕉扇（马时彬摄）

铁耙（周琼琼摄）

地俗称"唢斗"或"梨花"，声音较粗，音量较大，主要用于接佛、游佛、做佛戏等仪式环节。

3. 工具类

（1）竹匾或芭蕉扇

竹匾亦称"箪"，圆形，竹制，多为四至八个，早年举行炼火仪式时由人手持，在炼火场四方煽风助燃。现在大多已被竹制芭蕉扇代替。

（2）竹竿、铁耙等

仪式正式开始前在炼火场中铺设木炭、布置火坛之用。

4. 其他器物

（1）爆竹

在中国传统习俗中，爆竹是一种通过燃爆发声来辟邪驱鬼的特殊器物，在炼火仪式中也不可或缺。炼火过程中燃放爆竹，既能迎神避邪，亦可娱神娱人，还起着召集信众、祈求吉祥兴旺等作用。根据仪式中燃放爆竹的场合，可归类为四种：其一，正式炼火之前，在白天举行的舞狮子、做法事等仪程中，香官或村民们会燃放爆竹；游佛队伍来到村民家门口时，村民也会放爆竹以求吉利。其二，转换仪程，或每个仪程结束时，鸣爆竹以迎送神佛、辟除邪怪，次数不定。其三，晚上正式炼火之前先鸣爆竹三声，用以召集信众。其四，恭送神佛坐轿回庙后，于庙前鸣炮十响，有宣示仪式完成、祈求吉祥之意。

（2）供桌、香烛和祭品等

炼火仪式开始前，在炼火坛东、西两侧须各摆放供桌一张，即设立所谓"神坛"。东侧的神坛为"天坛"，供桌上摆放橘子、

供桌（周琼琼摄）

梨子、柿子等水果，为素斋；西侧的神坛为"龙王坛"，供桌上摆放酒与饭，还要放一只猪头，为荤斋。供桌放好，点上香烛后，由山人站在东侧的供桌边，宣布开始炼火仪式。

（五）其他准备工作

1. 炼火前的准备工作

对于所有直接进入炼火场地的人员来说，早在炼火仪式举行之前准备工作就已经开始了。按传统炼火禁忌，被选中参加炼火的人员，在炼火仪式的前七天必须沐浴净身、斋戒吃素，夫妻不得同房，禁止从事挑粪、施农肥等"污秽不洁"的活动；其他负责吹打演奏、点火煽火的辅助人员，则要在炼火之前三天，遵守同样的要求。

2. 炼火当天的准备工作

前往炼火仪式现场之前，炼火者必须先在家中洁净身体，将手、脚、脸认真清洗干净后，换上统一的炼火专用服装。

炼火者进入仪式场地前，要先点燃一把稻草或三张黄斋纸，在全身上下熏一遍，称为"烙火浴"，寓意为把身上带的晦气肮脏去掉，以免带入炼火场地。

[贰] 炼火山

炼火山，亦称"踏火山"，即在平地上堆一个高 1 米左右、小山丘形状的火坛，炼火队员在火堆上下反复踩炼的同时，用平口刀将炭火扬至空中，呈现出火星飞舞的效果；最后经过反复踩炼，"火山"被"炼平"，寓意为未来会平平安安、风调雨顺，即所谓"平安火"。

炼火山主要流行在磐安县双峰乡一带，其中以双峰乡大皿村、东坑村的炼火山最为典型。炼火山过程中只有降偅，没有山人，仪式流程的主导工作由降偅一人负责，也因此使得整体仪式过程比较简练，特别是其中的祭祀环节相对简单，更多地体现出民间信仰的文化特征。

炼火山(孔德宾摄)

东坑村炼火全景（孔德宾摄）

双峰乡大皿村炼火山的基本仪式流程如下：

（一）请神、游神

请神仪式当日，由炼火者和村民组成声势浩大的队伍，聚集在大皿村的胡公堂前。先以三声先锋号起始，众人将胡公神像从胡公堂恭敬请出，端正安置在神轿之内，由香官引路，进行绕村游神。游神的队伍排列有序，除香官外，还有专人负责捧香炉、持长旗和幡旗、扛抬神轿，并有手持"回避""肃静"开道牌者负责开路，还有民间艺人进行舞狮子、打花鼓等随行表演。在游神队伍中，胡公神轿的位置在整个队伍的偏后方，以示其地位的重要性和排场。抬胡公神轿的一般为中年男性或年轻力壮者，女性

迎胡公神像亭阁（周济生摄）

游神队伍（磐安县非遗中心提供）

则有严格的年龄限制，只有五十岁以上的年长女性可以参加。大皿村目前有三千多居民，在请神、游神的当日，参与者多时可以达到千人以上。

　　游神一般要游遍大皿周边各个供奉胡公的村落，要经过各村的胡公坛位，称之为"踩界"。每到一处坛位，都要将胡公安放在神坛前进行祭祀，祭祀品大多包括米饭、酒、糕点等。据村民介绍，游神是一年一次的流动性活动，一般轮到哪个村负责当年的胡公庙会，这个村就会举行炼火；以前炼火在中午和晚上都要举行，现如今大都改为晚上举行，夜晚天色较暗，和炭火形成强烈反差而使仪式更具观赏性。大皿村近年来由于新建了胡公神殿，在传统胡公纪念日（即农历八月十三胡公生日前后）之外的炼火活动中，请神和游神仪式大都有所简化，只是由香官将胡公神殿

游神盛况（马时彬摄）

大皿村胡公神殿（张响林摄）

中的香炉请出，摆放在殿外坐东朝西的香案上，并供奉素斋。游神的线路也相对缩短，很少再像旧时那样游遍周边数十村落。

（二）敲锣、打欢乐鼓

在请神、游神完毕后，往往有敲锣、打欢乐鼓的喜庆表演。这个环节主要是为了衔接仪式接下来的环节、填补空白时间而进行的大众娱乐活动。因此，这一环节的具体活动内容、形式没有定规，通常由各个举行炼火的村子视情况而定。近些年来，随着炼火与其他民俗活动的融合，炼火组织者往往会选择一些相对简单、村民喜闻乐见的民俗表演。这也是大多数女性在整个炼火仪式中唯一可以直接参与的活动。

欢乐鼓（郭丽泉摄）

（三）定桩

大皿村的炼火仪式一般在农历八月十三胡公生日的前两天，即八月十一日晚举行。炼火所需的木炭提前收集准备完成后，早几天前就已经堆放在胡公庙的侧门。在炼火仪式举行之日的前一天晚上，由降侗带领数名炼火队员，用罗盘认真测定炼火场地周围的东、西、南、北四个方位，在每个方位点和场地的中心点插上钢钉，作为设置火坛的基准。这些钢钉在设置火坛、铺木炭的时候需要取出。

定桩一般要持续一个多小时。据民间炼火艺人介绍，定方位一定要定得准确无误，以此圈定炼火坛的范围，为正式仪式时开水火门、踩炼炭火提供准确的方位标准，才能让炼火不出差错；

如果定方位有误，接下来的炼火环节就会发生事故。火坛圈的大小，大都根据预先准备好的木炭数量而定，定桩后火坛圈范围内禁止除生火者和炼火者以外的人入内，尤其是女性，否则圈内会被视为不净，会导致炼火失败，而且也是对神的不敬。

此外，据有关炼火负责人介绍，按照传统习俗观念，炼火场的北方也是不可有女性站立的。因为北方属水属阴，女性也属阴，如果北方有女性站立，会使北方的阴气加重，影响炼火的效果，或造成仪式的不顺利。当然，如今的炼火仪式会吸引众多游客前来观赏，对不同性别观众的位置已无法限制，所以在实际的展演过程中，只能提醒女性不要触碰净身归来的炼火队员、不要进入火坛圈的范围内。

定桩时，引燃炭火所需的茅草和辅助引火的竹竿、铁耙等工具，都已准备完毕，在炼火场地旁整齐堆放。

（四）杀鸡淋血

由降侗在炼火场地的东、西、南、北四方各插上一把叉，据此画出炼火坛内外两个圆圈，然后念"杀鸡咒"，将大公鸡宰杀后，由香官手提"引灯"和香篮走在前方引路，降侗跟随其后，将鸡血顺时针淋洒炼火场一周，再撒上石灰，以示赶走妖魔鬼怪，将污邪之气和妖魔鬼怪挡于圈外，炼火场内变得十分安全洁净。淋鸡血时，锣鼓声一直相随。

（五）生火

农历八月十一傍晚，炼火队员和后勤人员将准备好的木炭倒在划定的火坛圈内，围绕火坛中心点，由内向外铺木炭，并不断用磁铁搅动木炭，将里面可能混杂的铁钉等杂物剥离出来。铺设火坛最初时将木炭摊平，主要是为了扩大木炭燃烧的面积。木炭铺好后，由炼火队员用茅草将火场上的木炭引着，要先点燃木炭堆的中央部分，将火坛中央木炭引燃后逐渐向外翻动，渐次引燃外围的木炭，并用竹竿、铁耙不时翻动，以保证所有木炭都烧着、烧透。最后等木炭呈灰红色并不再产生浓烟时，炼火队员再将木炭堆成一米多高的馒头状火炭堆。

为了使木炭燃烧充分，在生火的过程中，工作人员要拿着竹

点火（周琼琼摄）

生火（郭丽泉摄）

火山准备就绪（郭丽泉摄）

匾分东、西、南、北四个方向不停地给火坛煽风。整个生火的时间通常会持续一个多小时。

在生火的时间里，炼火组织者在东方和北方各设供桌一张，东方供桌神位为观音菩萨，供品主素，主要有豆腐、三碗米饭、苹果；北方供桌神位为胡公大帝，供品主荤，主要有豆腐、猪头肉、米饭。在中国的五行文化传统中，东方为木，象征春天与生命，民间认为紫气东来，即东方是福神所在，故纳福需向东方，而西方为五行之金，象征秋天与死亡，素斋与荤斋之供即由此而来。

供桌、供品设好后，有二至五个婆婆在东方供桌上摆三口净水碗，碗上搭杨柳枝，念诵《取水经》，意为将天上的神水取下三碗，一碗用于降侗开水火门，另外两碗用于净化炼火场内的污秽。

《取水经》内容如下：

无极圣祖太上转，传于化马会烧钱。无至老母如来法，法身透出取清水。上界取来天仙之水，中界取来云仙之水，下界取来地仙之水。东方取来甲乙之水，南方取来丙丁之水，西方取来庚申之水，北方取来壬癸之水，中方取来戊己之水。海中取来波浪之水，江中取来长流之水，坑中取来歪正之水，塘中取来养鱼之水，井中取来甘露之水。田中取来禾苗之水，山中取来龙脉之水，岩中取来岩香之水，树上取来百鸟之水。佛前取来波罗之水，观音台前取来净瓶之水。此水不是凡间水，圣水台前取来之水。水不取不灵，一取就灵。一扫天清清，二扫地明明，三扫人长生，四扫人鬼超生，五扫家户清洁，六扫圣化并无咒。不破水火风云，金刚情精力魄身，恶人扫出千里外。观音坐在莲台前，杨柳枝之灵。日月光照耀佛堂前，南无阿弥陀佛。

念完《取水经》，婆婆们分持两碗净水，边走边唱，并用柳枝沾了净水碗里的"神水"洒向炼火场。顺时针走完一圈后，到了北方胡公坛前，将神水洒向胡公坛，意为将当日要举行炼火的事情禀告给胡公，祈求他保佑炼火的整个过程平平安安。

据民间炼火传承者介绍，在传统观念中，炼火正式开始前必须念过《取水经》，不然炼火队员就没有胆量进火坛，炼火就不会顺利。

（六）净身

炼火队员各自换上炼火时穿的衣服，上身赤裸，下身着蓝色棉布裤子，束白色棉布腰带。炼火时穿的衣服布料要求十分讲究，必须是手工织出来的纯棉布裤子，因为其他材质的裤子可能会粘上燃烧的木炭造成身体的烫伤，手工织的棉布相对会比较安全。

更衣完毕之后，由一名炼火队员用一捆竹竿试火，降侗凭经验观察炭火温度。如果火炭全部烧透，即过了"火性"，降侗即表

溪边净身（郭丽泉摄）

示可以进行炼火，火场内吹打声起，由香官手持引灯引路，降侗
领着众炼火队员顺时针绕火场一周后，前往溪边净身，即洗手、
洗脚。用来净身的水必须是流动的，这样才能做到真正"洁净身
体"，保证炼火队员的全身是纯净的。

　　洗净手脚返回炼火场的路上，炼火队员可以穿鞋，但需要在
鞋内垫两张黄裱纸，以避免脚与鞋子的接触。回到场内后，由降
侗带领队员顺时针绕炼火场一周，最后停在东方供桌前。炼火队
员分两列站立，由降侗先在他们的脚下分别垫上黄裱纸，再端起
神水碗，含一口水喷在每个炼火队员的脚上，最后取黄裱纸点燃，

烙火浴（周琼琼摄）

依次在炼火队员的脚上绕一圈，称为"烙火浴"。

在民间炼火传承者的描述中，只有经过这一整个流程，才算完成了净身环节。尤其是经过烙火浴之后，炼火队员的脚是非常洁净的，可以避免在炼火过程中被炭火附着。

据炼火传承人介绍，按照炼火的传统观念，炼火队员净身的过程中，以及净身之后，女性便不可靠近炼火队员，更不能触碰到炼火队员的身体，甚至不允许和炼火队员说话。这一点即使在男女平等的今天，仍被视为必须遵守的禁忌。

（七）降侗起降

炼火场上，众炼火队员站成"八"字形，降侗站在"八"字的顶端，由两人分别在降侗的耳边敲锣，一人手持点燃的黄裱纸在降侗的面前挥舞。随着锣声逐渐紧密，降侗手舞足蹈起来，以示被神"附体"，即"降神"成功。

顺利起降之后，降侗跳上四尺凳后边的桌案，表演一番神灵附身的动作后，开始大声吆喝，称为"喝山"：

降侗：问你们吵吵闹闹，叫我何事？

场上众人齐声：锻炼乌金！（或说"盘炼乌金""跑炼乌金"）

降侗高声：好哇！

紧锣催降（周琼琼摄）

降侗喝山（周济生摄）

接着降侗开始讲吉利话："炼火，保佑风调雨顺，国泰民安，五谷丰登，六畜兴旺。种田田有谷，种山山有粟……"

这种吉利话并没有固定的套路，通常根据降侗自身的习惯或水准而定，可以多讲，也可以少讲。

（八）开水火门

在五行学说中，北方象征水，南方象征火，所以南、北两个方向在磐安民间被称为"水火门"。这是沿用五行相克的理论，即水克火、火克金、金克木、木克土、土克水。"开水火门"的意思是火坛中的温度达到一定的要求与状态，炼火者可以进场开始炼

火了。打开水火门，炼火队员才能顺利踩火而不会被烫伤。双峰
炼火仪式中的这个程序通常由降侗与香官共同完成。

在降侗念完代表神灵的说辞后，场上炼火队员的士气也被鼓
舞起来，接着降侗跳下方桌，下面的人员将铁叉高举过头，搭成
桥状通道，降侗从这个通道中穿过。接着由香官提灯笼、香篮引
路，降侗与炼火队员跟随前行。分别到火坛东南西北四个方位，
由降侗持净水碗，在火坛前念咒、画符，向火坛喷一口水，香官
焚纸，打开水火门。每到一个方位，都需要顺时针绕炼火场一周。
其咒语为：

> 东方甲乙木，封（烧一张黄裱纸，喷净水一口，然后念一
> 句口诀）；

> 南方丙丁火，封（烧一张黄裱纸，喷净水一口，然后念一
> 句口诀）；

> 西方庚申金，封（烧一张黄裱纸，喷净水一口，然后念一
> 句口诀）；

> 北方壬癸水，开（烧一张黄裱纸，喷净水一口，然后念一
> 句口诀）。

在"北门"喷神水后，降侗用双手将北方的火炭扒开，并在
神水碗里放几块木炭，再由一名炼火队员拿平头叉在火山尖连敲
三下，这代表着北方的门已经打开。

降侗进炼火场（郭丽泉摄）

开水火门之画符（周济生摄）

开水火门之喷水（王小定摄）

降侗带头踏火山（蒋秋良摄）

（九）踩火

打开北方水门之后，降侗手端神水碗，率先踏过火山，炼火队员依次紧随其后，从北到南踩炼炭火。这是现场气氛最为热烈的高潮环节。众队员手持平头叉，跟随降侗的脚步依次踏过火山，并不时在火堆上舞动平头叉将火炭挑起，激起火光四溅。再配合着主持人的解说和现场的吹打乐，将炼火表演推向高潮。

炼火的线路，先是从北门进、南门出，再由降侗开西门，步骤和开北门相同，然后诸人由西门到东门，依然穿插着各种火上

浴火（吴警兵摄）

火中空翻（王德清摄）

炼火者过火山（郭丽泉摄）

表演。如此反复进行多次。

双峰炼火基本是炼三堂火后结束，每堂火大约十五分钟，一直将一米多高的火山炼平为止，火山越平越平安，即所谓"太平火"。而炼火的行进路线体现着阴阳五行观念在中国民间的深刻影响，北进南出，意为水克火；西进东出，意为金克木。

三堂火踩炼结束后，降侗口念咒语：

羊家头首，胡公大帝，外出游戏，脚踏云头，游过九州，到于此地安歇一夜之后，保得乡方五谷丰登，风调雨顺，国泰民安，六畜兴旺，栏头高强；将五瘟六魊，豺狼虎豹，山前山后，庙前庙后，飞禽走兽，伤风咳嗽，口牙是非，七十二小魊，三十六大魊，一起带到祈民山上超化。

接着再念一些吉祥的话语：

炼火之后，平安吉庆，祥瑞满门。少年人读书上进步步高升，青年人做生意赚钞票一本万利，中年人种田地五谷丰登，一年种起十年粮……

炼火不仅体现出炼火人的英勇气概，也有一定的强身健体作用，但整个过程时间长、环节多，需要耗费炼火队员很多体力，所以参与者一般以青壮年为主，较少有年纪大的人参加。

近年来，随着非物质文化的传播和旅游业的发展，炼火的神秘感吸引了许多观众和游客。为了与观众同乐，在踩炼环节结束

游客体验炼火（周琼琼摄）

后，炼火队员会在火堆中间由南向北划出一条通道，供游客们体验炼火的乐趣和仪式感。

（十）谢火扫耗

随着火山渐渐被踩平，炼火也接近了尾声。在降侗的带领下，众炼火队员感谢火神和各路神灵的护佑，祈求村里人丁兴旺，风调雨顺，村民身体健康，并欢送神灵。由降侗手拿大锣捡几块火坛里的木炭，和一行人将木炭送到村口，象征扫清了村子里的一切污秽。念经的婆婆们则将事先准备好的金银箔纸制作的元宝烧给胡公大帝和观音菩萨。至此炼火仪式结束。

谢火（郭丽泉摄）

送火神（郭丽泉摄）

（十一）吃半夜餐

由于炼火一般在晚上举行，一场仪式要进行几个小时，待整个流程结束后，时间已经到了半夜。炼火的参与人员会一起吃夜宵，仪式中被宰杀淋血的公鸡会被做成餐食供大家食用。炭火残留的火堆一般会堆放在原地不动，往往要到五六天之后才能完全熄灭。为了安全起见，火堆旁一般禁止人们靠近。最后遗留的炭灰会被倾倒在溪水中，或是被运到农田里当作肥料。

［叁］炼火海

炼火海，亦称"闹火海"，即在平地上将木炭铺成一个直径十余米的圆饼状火坛，炼火者在火中往返奔跑呼喝的炼火形式。由于火坛面积较大，相对危险性比较高，踩火的动作和路线也比较

炼火海（磐安县非遗中心提供）

丰富多彩。

炼火海主要流传在磐安县深泽乡一带，受深泽及其周围村落佛道信仰氛围的影响，这种炼火仪式的过程比较繁琐，并多有"西方乐"等宗教色彩浓厚的辅助表演。同时，炼火海需要山人和降侗的配合，其中山人的作用比较大，主要负责踩火前的祭祀仪式，降侗的角色是激励炼火队员勇闯火场的"将军"，主要负责具体的踩火表演，分工较为明确，细节和步骤也比较琐碎。

深泽乡仰头村炼火海的基本仪式流程如下：

（一）请佛、游佛

在炼火仪式举行之前，炼火队已提前数天将请神所用的神轿清洗干净。在仪式当天的上午，请佛环节开始前，先吹先锋三声以告村民。之后，由香官提着香箩和灯笼，带领众人从炼火场出发，前往村庙迎请所奉神灵的神像，先沐浴其"佛身"，再放入轿中，随后便绕村游佛。游佛队伍由香官带路，其后数人分别捧万岁牌、香炉、锣鼓、幡旗，之后是载着神像的神轿，还有罗汉班、舞狮子等。游佛的路上，锣鼓不停地敲打"大过场"和"小过场"，且有舞狮、秧歌、大花鼓等民俗表演。游佛队伍从东边绕村行进，经过大街小巷，一为喜迎神灵下凡观火，二为相互传告村民共聚狂欢，同观盛宴。

在游佛过程中，每到村里供佛的坛位，都要把神轿放在坛前

游佛队伍（磐安县非遗中心提供）

游佛队伍（磐安县非遗中心提供）

游佛队伍（磐安县非遗中心提供）

祭拜，祭品有饭、酒、豆腐、肉、方糕等。此时会有妇女进坛拜佛念经，以求平安，男性拜佛者较少。

游佛完毕后，众人奉神轿返回炼火场。

（二）祭坛

祭坛仪式开始，山人身着道袍，登坛行"申发科"。先诵《三捻上香》：

伏以百和宝香，氤氲六除馥郁，才焚金炉之上，遍飘玉局之中。

腾瑞霭以为台，布祥云而作盖，通诚心之所恳，达众圣之妙门。以今三捻上香，悉令普遍：志心初捻上香，香至混元宫，遍混元三境尊，承华盖供养，混元三境尊；志心二捻上香，香

供桌（周琼琼摄）

至洞天宫，遍洞天仙府官，承宝盖供养，洞天仙府君；志心三捻上香，香至渊泉宫，遍渊泉水府官，承云盖供养，渊泉水府君。

诵毕，唱《香赞》：

伏以天高地厚，盖一界以能通；水远山遥，掌六殊之可格。无香者，生则修成玉福，熟则插香金炉。启之不范，芬芳曲别，早日蒙胧而作盖，随风回转以传情。玉座奇香，当吟宝偈：玉炉瑞霭腾云盖，洞案祥烟结宝台。金童蔼持捧沉坛，玉女传念问三境。兹首宝炉当召请，四值灵官悉降临。精诚感上达三界，天地水官感照鉴。

唱毕，再吟《水偈》：

伏以百和之宝香既焚，五龙之神水澄清。浩渺灵泉，注大川而不舍昼夜。解散长空为雨露，终归大海之波涛。成功而浸润无穷，应品则方圆自在。五行持之为首，六府仰之神仙。欲净法筵，乃吟《水偈》：五龙吐出瑶池水，往向仙翁丹井来。大帝仗之亿万年，禹王化作百川去。吾手握持天宝印，捧为汲得紫金泉。一洒能消雨露恩，遍散法筵清洁净。

吟毕，左右班"敕水"：

江湖淮池非常水，五龙吐出神天地，大帝仗之亿万年，吾今将来净妖秽。急急如律令！太上老君，吐气成云。吾令净口，持念真文。灵宝太上，为吾净心。急急如律令！天蓬天蓬，持剑当凶。奉成北帝，又大神通。吾今敕水，勿令威聪。急急如律令！天蓬天蓬，北帝神君，巡绕天下，普救万民，诛魔斩鬼，有无恶行。灵宝太上，为吾净身。谨请：东方青帝，青龙君，吐青云；今南方赤帝，赤龙君，吐赤云；今西方白帝，白龙君，吐白云；今北方黑帝，黑龙君，吐黑云；今中方黄帝，黄龙君，吐黄云。各降真气，入吾水中，急急如律令！

此时，坛外燃放鞭炮两声，坛内击鼓三声，山人登坛行"申发科"，手持宝剑，行"敕坛科"，唱曰：

我持宝剑向天门，握法都监搜鬼魂。载天覆地总乾坤，应有邪魔尽皆奔。敢有不顺吾道者，锋刀寸斩化为尘。急急如

律令！

山人唱毕，高举宝剑，在紧锣密鼓中绕火坛急走一周，然后继续作"敕坛科"，诵曰：

> 宅中六神安且宁，不得容邪停外精。若欲前来且不听，一旦有罪被拷惩。急急如律令！

接白：

> 此间土地十二神，是吾神者，归吾宅房，非吾神者，远去他方。如是门承户尉、井灶干系等神，勿令惊动。若有浮游浪鬼，与吾道不顺之者，摄赴魁罡之下，入地万丈，化为微尘。

急急如律令！

山人唱完一段，乐队即擂鼓奏乐，山人在乐曲声中又举剑绕火坛急走一圈，继续作"敕坛科"：

> 臣今敕坛事毕，当愿飞天下观，上帝遥唱，万神朝礼，三界待轩，群妖束首，鬼精身亡。琳琅振响，十方肃清，河海静默，山岳吞烟，万灵振伏，招集群仙。天无秽氛，地绝妖尘，冥惠洞清，大量元元也。臣仰天谢圣，激切屏营之至。谨言。附宫。仰启叛命天蓬将，催破群魔大力神。赫奕威光连天地，严驾乘龙降道场。二十八宿明星主，三十六部大神主。手执金剑斩妖精，掌持宝印除妖魅。钺斧击破诸地狱，帝钟摇响震天公。飞雷掣电走纷纭，巨天六甲持戈戟。南斗火官除毒害，北

帝水神灭凶灾。降伏九天大冤魔，扫荡十方诸疫疠。忿怒日月失光精，呼吸山河皆鼎沸。紫气承天下徘徊，三十万兵密如卫。急急如律令！

念毕，山人脚踏禹步，持龙鞭（麻鞭）对空中打一记响鞭，敕坛告毕。

（三）定叉、杀鸡淋血

祭坛完毕后，山人用罗盘定好东、西、南、北四个方向，令人举响铃叉四把，在炼火坛四个方向各打下一把叉，名曰"定叉"，并以此为据画出炼火坛内外两个圆圈，据此确定请佛、开水火门和炼火等重要程序的方位。

定叉之后要进行宰鸡淋血的仪式，山人站在东方供桌前，面对"炎帝之位"的牌位，手拍惊堂木，诵《敕鸡咒》：

此鸡乃是非凡鸡，玉帝殿前报晓鸡。闲人拿来无用处，眼前拿来祭坛鸡。左手拿金刀，右手拿此鸡。将刀割此鸡，鲜血流满地。流到东方甲乙木无忌，流到南方丙丁火无忌，流到西方庚辛金无忌，流到北方壬癸水无忌，流到中方辰戌丑未土无忌。天无忌，地无忌，百无禁忌。吾奉太上老君，急急如律令。

再诵《杀鸡咒》：

此鸡乃是非凡鸡，玉帝面前报晓鸡。头戴七色华盖，身穿九宫八卦黑红衣。本师杀此鸡，鲜血滴满地。诛杀走如飞，急

定叉（陈建权摄）

宰鸡淋血（陈建权摄）

急如律令，敕。

随后，由香官手提"引灯"和香篮走在前方引路，山人跟随其后，将鸡血顺时针淋洒炼火场一周。鸡血淋毕，山人"手按诀，脚踏罡"，口喷神水，并诵《净水咒》：

> 水无定形，咒之则灵。在天为雨露，在地用泉源。春泮冬凝，引流雍止，方圆随气，盈亏顺时。若乃在吾杯中，禀太上之所敕，案五行之秀气，故能巽天天朗清，巽地地水宁，巽人人长生，巽鬼鬼灭形。一巽如霜，二巽如雪，三巽四巽，万秽消灭。南斗长生，寿同日月。千邪万秽，随水消灭。急急如律令！

（四）生火坛、引火

炼火队员和工作人员围绕中心点开始向四周铺木炭，做成八卦状或日月形，设五门八处，然后用茅草将火场上的木炭引着。等炭充分烧红烧透，用铁耙将炭火摊平，摆成一个圆形，炭火厚度一般为五至八寸。

在生火的同时，炼火场外有数名年长妇女在东方供桌上摆三口净水碗，碗上搭着柳枝，念诵《取水经》（与"炼火山"的《取水经》基本相同）。

念完，婆婆们分别持净水碗、毛竹细枝丫、拂尘等绕行火坛，蘸水挥洒，口中念经或说吉利话，以示把炼火场地洗刷干净。

点火（周琼琼摄）

生火（陈建权摄）

生火坛（马时彬摄）

（五）请神请佛

在生火的同一时间，山人进行炼火的祭祀请神仪式。

山人敲扁鼓、吹龙角，诵《发文牒》：

龙角一声开天门，天门赐主黄真人。黄老真人手执金匙，开金锁，千重金锁一时开。开天门，请天兵神，请天官一真人、二真人、天门赐主黄真人。请开东宫东八天，南宫南八天，西宫西八天，北宫北八天，中央毫一天。紫微天，楼鼎天，凡王帝在希旭天，上开三十三天天堂路，口口口口一时开。七百万神兵打从天府凭空降，归坛作证行功文。

（吹龙角）

二声龙角开神门，神门师主柳真人。神请张道陵、李道通、方三丈、葛仙翁。请起川山兵、地轴兵、麒麟兵、白泽上洋兵、金鸡阵、鸟神兵、庐山催促大将军、开封开锁大将军。五百万神兵打从中界五岳并空降，归坛作证行功文。

（吹龙角）

龙角吹来第三声，通上牒文来接请。道香德香道德香，清静自然妙洞净香。好香一炉纳在佛前，香烟弯弯谨心接请。上请玉皇大帝君、龙瑞大王、真武玄天上帝、普陀山上观音大士、南斗六星君、北斗七星君、五百罗汉、四大金刚、千兵万佛、八洞大仙、南天星主、北极紫微帝君、南极寿星君、长生

帝君……

山人站在东方供桌前，宣布炼火仪式开始，并宣读炼火的乐助文牒。乐助文书的基本内容是：

> 维大中华民族，炎黄神州辖属浙江省 xx 府 xx 县 xx 乡 xx 村堂合村居住人等，为祈求全村人口平安，五谷丰登，六畜兴旺，家门清健，乐助 xxx 特炼火一坛，以驱邪消灾，降凶化吉，仰祈诸天各方神灵，驾护神坛，今将乐助人民币、乌金、木柴名单公布于后：
>
> ……
>
> xx 村 xx 村堂全村善男信女沐浴稽首。

念乐助名单，一方面是为了让神灵感受到村民们的诚心，从而保佑人们心想事成；另一方面也是为了让对炼火仪式有捐献的村民在仪式场合听到自己的名字而感受到尊重。

读罢，焚烧文牒。文牒焚化通上天，神佛自会下界。此后停兵。一来是炼火者需要等待火坛的火候到位，二来也请下界的神佛及其随带的兵将暂作休息。山人念诵：

> 停天兵停地将，停神兵停佛将；千兵停在香炉里，万马停在水碗中。停兵兵驻马，停兵驻马入法坛。三千九浪停兵马，停锣停鼓入法坛。

待火候已到，山人至西方供桌前踏罡、发文牒、请火神。

（六）净身

炼火开始前，炼火队员先要在家中洗手洗脚，入场时还要点燃一把稻草或三张黄裱纸，在全身上下熏一遍，称为"烙火浴"，认为经过"烙火浴"，任何晦气肮脏都能去掉，否则在炼火时要被烫伤。

待炭火烧红，由一名炼火队员用竹竿试火，降侗凭经验判断火温。等观察结束，火场内吹打声起，由香官手持引灯引路，降侗领着众炼火队员顺时针绕火场一周后，带领队员去溪边净身，即洗手、洗脚、洗脸、擦身，这意味着此时的炼火队员是纯净的。在往返过程中，围观女性需避让，不得碰到炼火队员。炼火队员净身完毕回炼火场的路上可以穿鞋，但要在鞋内垫两张黄裱纸，以示保持脚的干净，脚越干净，炼火过程中就越不会被烫伤。

回到火场内，降侗带领队员顺时针绕炼火场一周，最后停在东方供桌前。炼火队员分站两列，由降侗在他们的脚下分别垫上黄裱纸，再端起神水

溪边净身（陈建权摄）

碗，含一口水喷在每个炼火队员的脚上，然后将燃烧的黄裱纸分别在炼火队员的脚上绕一圈，亦为"烙火浴"。

（七）开水火门

炼火场木炭燃烧充分后，降侗、香官、炼火队员就位。香官提灯笼、香篮引路，山人在香官的带领下顺时针绕火坛一圈后，分别至东、南、西、北四方门，敬请木、火、金、水四大星主保火坛平安。山人唱曰：

> 来到东方门，木德星君主坛灵，东方青河水，具炼坛火保平安。东方请过了，敲锣鸣鼓到南方，来到南方门，火德星君坐主坛，南方黑河水，具炼坛火保安康。南方请过了，鸣锣击鼓到西方，来到西方门，金德星君坐主坛，西方白河水，炼起功德水火坛。西方请过了，击锣敲鼓到北方，来到北方门，水德星君坐主坛，北方黄河水，红火之中降吉祥。

山人的这段咒语体现了中国传统文化中的五行观念，即东方为木，西方为金，南方为火，北方为水，中为土，而山人请的四方星主均用河水来保护火坛。顺时针绕火坛一圈后回到龙王坛，之后再由香官引路，山人手执宝剑、麻鞭、龙角、神水碗，带领锣鼓队，逆时针方向绕火坛一圈，先到东门，香官手持三根高香拜三拜，接着山人口含一口清水，手捏老虎诀，朝火坛喷一口水，用脚踢一下火，意味着开了东方的水火门，东方为木，火里有木

绕火坛（陈建权摄）

才可以烧起来；第二开西门，西方是金，金生水，金克木，火就不会烫；第三开南门，南方为火；最后开启北门，北方为水。在开水火门的过程中，每开一门，都重复绕场一周，开一门起一叉，即把先前"定"下的四门叉拔起。水火门打开后，炼火队员方可进行正式炼火。

（八）降侗起降

降侗和炼火成员都脱光上衣，只穿一条裤衩，外围一条用麻纱织成的汤布或一串树叶。其中 12 人手执响铃叉，4 人执四分叉，使劲抖动，其余人等则高举双手并握成剑指状斜指天空。两面大锣在降侗两耳旁不停地猛敲，意为"催降"，即催促神灵下凡。

炼火队员排成八字型两排，降侗不停地上下颤跳，并跃上案桌，催请神祇降临，自称胡公大帝，与众炼火者作如下对话：

降侗：脚踏云头，眼望九州，众家头首，锣鼓纷纷，拦我马头，却是为何？

众：助你胡公炼平安火一堂。

降侗：好！到一都保一都，到一村保一村，保佑全村六畜兴旺，五谷丰登，风调雨顺，国泰民安。保佑种田郎君，种田田有谷，种山山有粟。保佑做生意郎君，一钱为本，一本万利。保佑中年郎君，龙腾虎跃，健如龙虎。保佑老年人，童颜鹤发，返老还童。保佑少年郎，读书作对，金榜题名。保佑姑娘，聪明伶俐，桃花如面。

众：多谢胡公保佑！

降侗：众家兄弟，前者前，后者后，不可争先恐后，带你一同上马，头首助我鸣锣开道！

众：有！（锣声大作）

对话毕，降侗端起文水碗，喷三口水于众人头上，接着锣声铃声齐鸣，降侗拿起铁索向牌位前后左右挥三下，给炼火者授叉后，端起香炉挥三下，然后端起文水碗，跳下香案，在香官的指引下，绕火坛急走三圈，先后停在东、南、西、北方水火门口，将文水碗举与头平，吸一口水用力地喷向火坛，并用脚踩一下火。

降侗授叉（陈建权摄）

接着，随一阵急促锣鼓声的响起，几支先锋长号同时吹响发出号令，全场振奋，众炼火者在降侗的带领下，正式开始炼火。

（九）踩火

炼火以一刻钟为一堂火，一般要炼三堂。踩火前每次均须降侗起降。进火坛时，由香官引路，烧黄裱纸请神佛保佑，众炼火者随后进火坛踩火。踩火从东至西，再从南往北。炼火者通过降侗获得神佛的神力，走火不会被火烫伤。此间，执四门叉者用力摇响四门叉，乐人敲打锣鼓。

第一堂"各显神通"。众人从北门进，南门出，再由西门进，东门出，穿梭于火场当中。北进南出，象征水克火，因为北方五

过火海（陈建权摄）

年仅10岁的2位小朋友跟着师傅踩火（周琼琼摄）

行为水，南方五行为火，而接下去的西进东出，则象征金克木，因为西方五行为金，东方五行为木。炼火者的踩火路线与五行相克的传统理念是一致的。

第二堂"神童探海"。炼火者从东门、西门、南门、北门交叉行进，纵横飞舞，场景火爆、刺激。

第三堂"火海降魔"。路线和第一堂火相反，即先西进东出，再北进南出，炼火者时而举叉捉鬼，时而握拳驱魔，时而执棍打妖。动作形象，表情丰富，给人无限的想象空间。

三堂火炼完之后，炼火的主要环节基本结束。

深泽年轻一代传承人陈妙水挑火过火海（厉金未摄）

（十）谢火、扫耗、送火神

三堂火炼罢，整个炼火仪式进入尾声。最后一道程序就是谢火，即感谢神灵护佑此次炼火圆满成功。山人和香官在天坛将纸质牌位烧掉，象征已经将神送走，再由香官提灯引路，走到龙王坛，山人手持三柱高香，拜三拜，然后将牌位全部烧掉。在山人带领下，炼火队员要感谢火神和各路神灵保佑，祈求神祇保村落安全，保村民健康，保佑风调雨顺、国泰民安，并欢送神灵，先念《天地咒》：

天地诸神，土府伏龙。一切鬼魅，形销影灭。家富人兴，甚大吉利。

再诵《让瘟灾科》：

　　太上玄都，四真飞符。九真巡驾，天丁后驱。御邪阻鬼，镇压方隅。雷公八将，六甲扶持。帝君有敕，收捉黄奴。天瘟鬼毒，速送罗酆。

　　诵毕，炼火组织者抬出铁锅一口，内盛燃烧着的炭火，山人念《扫魃咒》：

　　天有天魃，地有地魃，人有人魃，物有物魃。三十六大魃，七十二小魃。天魃带回天中，封锁天仓，地魃扫到天涯海角，不得翻身。人魃由神将紧闭不出，物魃由天将关进铁笼。上扫飞禽走兽，下扫毛公虫害。扫清豺狼虎豹、野猪犇猪、穿山甲、奇蛇、黄牛、尾焦狗、眼镜蛇、水蛇、见侧蛇、老鼠、黄鼠狼、偷鸡猫、毛公螟虫、蛀虫、青虫、稻虫、毛虫等，一扫一断。扫到山崖海角，永不翻身，千年不转，万年不回，黄龙分界，截水断流！

　　法师每念一物，即模拟所念之物，用纸包起，连同香灰等丢入锅内，然后在锣鼓声中，率众人将所念的一切妖魔鬼怪连同铁锅一起送出村界埋掉，用净水碗盖上，以示妖魔永世不得翻身。

　　随后，山人带领降侗、香官及所有炼火者，在锣鼓声中绕场一周，表示欢送各位神圣归天、归位。

（十一）施孤魂

　　在火坛附近设案桌一张，供六碗饭，点六支香插在六碗饭上。

另备两个木桶，内盛汤水。山人上香后念《忏孤科》《济幽斛科》，再于出村路上每隔两三尺插香一炷，随后由二人敲大锣开道，专人以木桶盛米汤沿途泼洒，并于插香处烧祭锡箔银锭，以此向过路的孤魂饿鬼施舍。

其他炼火人随山人谢送神祇，山人念咒，请各路神祇各归其位，并以东、西、南、北次序关水火门。此时，整个活动宣告结束。

（十二）吃半夜餐

炼火结束后，参与炼火者吃夜宵，分吃杀鸡淋血用过的大公鸡和猪头。

火坛的炭火要让它自然熄灭，大约要花两天时间，其间火场有专人守护，旁人不宜靠近。等炭火熄灭后大家方可进入火场区域。故老相传，炼火之后，收成就好了，五谷丰登、六畜兴旺、国泰民安。

［肆］炼火音乐

音乐是磐安炼火密不可分的组成部分。炼火仪式的初始环节，即请神、游神，就要先吹先锋三声，以向村民宣示仪式的开始；在游神"踩界"的过程中，有锣鼓不间歇地敲打"大过场"和"小过场"，营造喜庆的气氛；奉迎神像到炼火场之后，有舞狮、打罗汉等民俗文艺表演，必然有响器敲打伴奏；神坛供桌设好，

先锋（郭丽泉摄）

民乐演奏（周琼琼摄）

由年长妇女组成的"佛戏班"一边敲打木鱼、碰铃一边诵经吟唱；降侗请神"起降"时，有两面大锣在其耳边不停敲打以"催降"；炼火者在火坛往来踩炼时，伴随着场边的响器演奏；仪式结束送火耗，也是伴随着乐队的吹打将炭灰洒进溪中……或者可以说，炼火仪式中几乎所有的仪式环节，都是由音乐贯穿的。

炼火仪式中的音乐，是神灵与凡人、炼火者与观众沟通的一种特殊的媒介。请神时，以震天的锣鼓、欢快清扬的唢呐等奏出热闹的音乐"欢娱"神灵；仪式中，参与者用锣鼓、先锋等通用响器烘托气氛、娱乐百姓，增强了炼火仪式热闹、兴旺的氛围。通过音乐，达成了"娱神"与"娱人"的和谐统一。

炼火仪式中的《满江红》：

满江红

以唢呐反复吹奏的《秧歌调》：

秧歌调

1=G 2/4

♩=76　欢快地

5 5 1 1 | 2 1 2 3 5. 3 | 2. 3 5 6 5 3 | 2. 3 2. 3 |

1 1 1 2 1 | 6 5 6 1 2. 3 | 6 6 7 2 7 6 | 5 5 5 |

5 5 1 1 | 2 1 2 3 5. 3 | 2. 3 5 6 5 3 | 2. 3 2 |

1 1 1 2 1 | 6 5 6 1 2. 3 | 6 6 7 2 7 6 | 5 5 5 |

请神接佛时的常用音乐：

请　神

1=C $\frac{2}{4}$

♩=120　热烈地

一一九

催降时的常用音乐：

催　降

开水火门时的常用音乐，乐队随炼火队伍排成两行绕场边走边奏，俗称"大过场"：

大过场

婆婆们念经做佛戏时常唱的《念经调》：

念经调

1=♯C 2/4

♩=65 平稳、徐缓地

2	2	2	3	6	6	5	3 5	6	5	—
一	（啦）	串	（啦）	佛	珠	（里）	五 亮	十	双	
一	（啦）	串	（啦）	佛	珠	（里）	五 亮	晶	晶，	

3. 5	6	3 5	6	5 6	3 2	2	—
拿	出	素 珠	起	毫	光，		
时	时	刻 刻	带	在	身，		

2	2	2	3	6	6	6	5	3 5	6	5	3
诚	（啦）	心		拜	（啦）	佛	（里）	到 了	西	天	（喂）
拿	（啦）	出	（会）	佛	（啦）	珠	（里）	好	念	经	（喂）

6. 1	6 5	3 5	6	5 6	3 2	2	—
西	方 路	上	多	少	好。		
送	给 唐	僧	好	取	经。		

三、炼火的特点和价值

磐安炼火具有文化内涵的多元性、民俗功能的积极性、艺术形式的丰富性、群众参与的自觉性，表达了民众祈求风调雨顺、国泰民安的理想，也是民众强身健体、集体娱乐的载体，蕴含着乡民不屈不挠、勇敢无畏、奋发进取的精神。

三、炼火的特点和价值

[壹] 炼火的民俗文化特征

民俗是一个地方的风俗习惯。《管子·正世》中说："古之欲正世调天下者，必先观国政，料事务，察民俗，本治乱之所生，知得失之所在，然后从事。"作为一种地方文化，由于磐安地区独特的地理人文环境，炼火这一民俗文化形式在其产生、传承发展的历史进程中，呈现出丰富、多元的文化特征，具有其独特的地方特色。

（一）炼火体现了先民对火的崇拜心理

在远古时代，由于社会生产力低下，人类征服自然的能力有限，人们对世界上的许多现象无法解释，因而对自然界一些事物产生了崇拜。火即是原始人类自然崇拜的主要对象之一，他们视其为光明和热量的源头、法力无边的神灵，甚至认为火是构成宇宙万物的基本元素之一，并形成相应的崇拜仪式。磐安地处山区，古时草木纵横，野兽甚多，于是山民们以火来驱逐野兽，并在实践中，逐渐发觉大火不仅能赶跑野兽，而且被火焚烧过的土地还格外肥沃。因此，山民们就把火视作"神火"，与火共舞，与火共乐。在炼火的仪式中，原始崇拜与民间信仰观念有着充分的体现。如炼火的仪式过程可分为请神、神降、神战（即炼火，火神战邪魔）、送魔（把被火神战败的妖魔邪物送出村外）几个主要环节；炼火现场在象征"阳"的正东面设置本地人最为崇信的神祇牌位，仪式结束时要谢送神祇，请各路神祇各归其位，并依东、西、南、北次序关水火门，将妖魔邪物拒之门外……这些都充分体现了炼火人对火神的崇拜与信仰，也使磐安炼火呈现出他处所无的表演规模和形式。

（二）炼火呈现了磐安先民原始、古朴的生活风貌

从炼火的仪式来看，其整个过程可视为人类对自然征服行为的仪式化。在原始时代，人类以渔猎为生，每当日落西山，满载而归，大家围着篝火欢聚跳跃，分享所获，并祈求下一次狩猎的成功。而在炼火仪式中，炼火者光身裸腿，在紧锣密鼓声中，齐集香案前手舞足蹈、呐喊助威的形式，俨然是先民围着篝火高歌欢舞的情景再现。当炼火人列队从熊熊的炭火场上踏过去，冲过来，铲过去，其彪悍粗犷的动作，把人们依靠意志和力量去与大自然拼搏以求生存的情景表现得淋漓尽致。此外，无论炼火活动在炎热的夏夜，还是在寒风刺骨的冬夜，炼火者总是保持赤膊、赤脚，手持钢叉使劲抖动着围绕火堆转圈，这种穿着和行为有明显的原始风格。根据这些特征可以推测，炼火这种相对原始的表

现形式，很可能是磐安先民生活风貌的孑遗。

（三）炼火体现了先民对免灾祛病的心理需求

古人把火奉为神圣吉祥之物，认为火能避灾除邪。《后汉书·礼仪中》载："先腊一日，大傩，谓之逐疫。……因作方相与十二兽舞。欢呼，周遍前后省三过，持炬火，送疫出端门。门外驺骑传炬出宫，司马阙门门外五营骑士传火弃雒水中。"从这一宫廷傩戏驱邪仪式的记载中，可见燃火逐疫的风俗古已有之。

磐安等地旧俗中也有类似"以火逐疫祈年"的活动。如《磐安风俗志》中载，安文、深泽一带，有迎火把送瘟神的习俗。若家中有病人，病家请法师，众人举火把照遍病人家所有的角落，以火驱鬼。

在磐安炼火仪式中，至今尚有以火浴净的习俗，比如炼火仪式始，所有参与者先"烙火浴"以示洁净。仪式中有"让瘟灾科"仪式，就是希望能通过炼火，御邪驱魔。在炼火仪式的尾声，有专门的"扫耗"仪程，降侗"喝山"文辞中就有明显的"扫除各种虫害"的内容："……上扫飞禽走兽，下扫毛公虫害。扫清蝗虫、螟虫、青虫、稻虫、毛虫等一扫一断，扫到黄岩海角永不翻身，千年不转万年不回。"扫耗时，还要把炼火场烧掉的香灰丢入铁锅内，举火把、打大锣，将铁锅抬送到山下的溪里倒掉香灰，即将所谓的"三十六大耗、七十二小耗"统统扫除。因此，炼火可能是古时"燃火逐疫"习俗在当今时代的延续,其目的是为祈求神祇降福禳灾、免除疾病,祈求风调雨顺、五谷丰登、国泰民安。

在与民间炼火艺人的交流中,他们也真实表达了通过炼火来免灾祛病的认识。如双峰炼火的传承者羊东方接受采访时就曾表示:"我年轻的时候进火场进行踩火,到现在都没有进去过医院,身体一直很健康,人过了火,身体就像钢铁一样坚固。"年纪较大的村民大多表示参与炼火的目的是为保佑身体健康,而中青年人则希望炼火能保佑自己运气变好、家里平安等。由此可见,磐安炼火是当地民众免灾祛病、解除自身困顿的心理的一种重要的外在表现形式。

(四)炼火是一种多形态融合的文化载体

炼火包含着远古巫文化的元素。巫觋作为人与神之间信息传递的媒介,专门代人祈祷神明,以符咒求神明保佑,他们能把人的祈愿转告神,亦能将神的意思转告人。《说文解字》中说:"巫,以舞降神者也。"可见舞蹈是巫觋沟通神灵的主要方式。在旧时磐安民间,巫信仰流传甚广,并与佛、道两教相互融合。磐安炼火仪式的整个过程,从服饰、器械到动作,有着多种原始舞蹈的痕迹,以此来沟通神灵,祈求平安顺遂,正是远古巫文化的一种体现。

炼火包含着朴素的阴阳五行哲学思想。阴阳五行学说是中国古代一种朴素的唯物主义哲学思想。五行是指木、火、土、金、

水五种物质的运动方式。中国古代人民在长期的生活和生产实践中认识到木、火、土、金、水是必不可少的最基本物质，并由此引申为世间一切事物都是由木、火、土、金、水这五种基本物质之间的运动变化生成的，这五种物质之间，存在着既相互促进又相互制约的关系，在不断的相生相克运动中维持着动态的平衡。按照阴阳五行理论，日为阳、夜为阴，火为阳、水为阴，东、西、南、北四方和中央分别对应木、金、火、水、土。炼火仪式中的火是阳性物质，仪式在夜间进行，主要举办时间在农历九月初九重阳节，正式炼火之前必须"开水火门"，以及炼火的路线设定，都是以阴阳相辅相成、五行相生相克为依据的，借此达到驱阴迎阳、壮大体内阳刚之气的目的，是对中国传统阴阳哲学观念的生动演绎。

炼火包含着佛、道等宗教文化元素。道家认为万物经过修炼才能"成真果"，以火烹药谓之"炼丹"，生铁、废钢经火提炼才成"真钢"，人也一样，经踩火、蹈火自然也就能避灾祛邪，成为"真人"。布置炼火场地时，火坛做成八卦状或日月形，具有鲜明的道教文化色彩；西方乐、诵经等表演又包含着明显的佛教文化元素。这充分体现出民间习俗传承发展过程中各种文化元素不断融合、与时俱进的特点。

炼火包含着朴素的地方民间信仰。磐安民众信仰虔诚，认为万物都有神祇主宰，故县有城隍庙，乡有乡庙，保有保殿，四时牲礼祀之，以祈求佑护赐福。在磐安及周边地区的民间信仰神祇中，有胡则这样为民请命的历史人物，也有朱相公、军七公等传说中为老百姓做好事的神灵，在炼火仪式中，迎请本村信奉的神佛，巡游四方，供奉香火，祈求他们保佑，就是这一特点的充分体现。

炼火的一些禁忌中也体现出一些科学的元素。炼火习俗规定，炼火人在举行仪式的半月前要斋戒，禁止挑栏肥、粪便，禁止房事，上火场前要洗净双脚，这不仅是对神火的尊重和崇拜，也包含了许多科学道理。炼火是一项体力消耗很大的活动，炼火人从仪式开始的半月前就不挑重物、不行房事，可以保持足够的体力和精力；洗净双脚使之光滑，可以减少炭火附着在脚上的概率，以免出现烫伤；设置炼火行进路线、在火场迅速奔跑，一定程度上缩短了脚与炭火接触的时间，同样可以减少烫伤的情况出现。

（五）炼火具有自发群体性的文化特征

磐安炼火是当地民众广泛参与的比较盛大而隆重的民俗文化活动，蕴含着当地民众的社会价值观。在以往，炼火由当地村民自发组织、自愿参加，可一村单炼，也可几村合炼；炼火用的木炭是各家各户自愿赞助的，一般一家一笆；参加炼火者也是每家各出一人，总人数少则数十人，多则上百人。炼火的整个过程具有自发性、群体性的文化特征，不仅丰富了民众的日常生活，同

时也宣传了地方伦理道德，教化了当地民众，增强了人们对当地文化的认同感和归属感，从而成为重要文化纽带。

（六）炼火是娱神娱人、世代相承的综合性民俗

炼火场景宏大，气势壮观，其内涵集民俗信仰、舞蹈、音乐等为一体，其表演汇音乐、舞蹈、体育、武术、戏曲于一身，是一种综合性的民俗表现形式。在生产生活方式比较落后的年代，神明的力量得到人们的认同和肯定，仪式成为人神交流的一种渠道，人们期望神灵能从根本上满足自己所需，其仪式也是为了达到娱神的目的。而随着时代和社会生活的发展，磐安炼火的仪式过程和穿插其中的民间文艺表演，已经超出了凡人取悦神灵以祈福的范畴，更成为地方民众的集体狂欢，成为一种世代相因相承、具有一定娱乐性的民俗活动。

［贰］磐安炼火的重要价值

磐安炼火是一项古老的民俗文化活动，具有悠久的传承历史和浓厚的地方特色，极具神秘文化色彩。自 20 世纪 80 年代恢复活动以来，磐安炼火曾参加过由文化部等九部委联合举办的"中国非物质文化遗产保护成果展"，被誉为中国传统民俗文化的"活化石"。2005 年，磐安炼火被列入第一批浙江省非物质文化遗产名录；2021 年，又入选第五批国家级非物质文化遗产代表性项目名录。

在长期的历史发展中，磐安炼火逐渐形成了一整套祭祀仪式、祭祀制度和祭祀程序，显示出传统的习俗、礼法、信仰、观念、语言以及各类民间艺术等诸多方面的内容。虽然在今天的社会现实条件下，随着科学的发展、技术的进步，磐安炼火在实际功能、社会意义，以及呈现方式等各方面，都发生了一定程度的变化，但这恰恰说明了，作为活态文化和多种学科研究的对象，磐安炼火的价值体现不是单一、静止的，而是多样化、动态化、系统化的。归根结底，历史价值、文化价值、精神价值是磐安炼火价值体系的核心内容，经济价值则增强了这一非物质文化遗产项目和其传承人自我延续、自我生存的能力，从而使其能够更好地存续、发展下去。

（一）磐安炼火的历史价值

磐安炼火这一独特的非物质文化遗产表现形式，其历史价值主要表现在以下几个方面：

首先，磐安炼火呈现了先民的群体生活状态。非物质文化遗产反映了民众集体生活，以及长期得以流传的文化活动及其成果，因而具有不容忽视的历史价值。磐安炼火作为地方文化，从宋朝至今，在传承中不断发展，展示出与一方水土融合的现实形态。独特的地理、气候、人文等条件，使炼火活动在地方社会关系中具有独特的作用。

其次，磐安炼火是先民对世界朴素认识的代表。与神灵的沟通，是贯穿于磐安炼火仪式全过程的重要内核。而神灵观念的产生，来自于先民们对自己以外的世界最朴素的认识，来自于人们认识周围环境、认识世界、发现自然与自我的过程，同时也是人们探索未知的过程中的产物。先民们受限于当时的认知水平和科学技术，对很多自然现象都不能做出科学的解释，又没有办法解决一些自然灾害，于是他们用超自然的力量来解释事物。火是人类最早认识和应用的自然力量，磐安地处草木茂密、野兽出没的山区，火是先民们驱逐野兽、取暖烹饪不可缺少的重要手段，不仅给他们的生产生活方式带来了巨大的改变，也推动了人类社会的发展，因此对火的敬畏和崇拜也成为先民们朴素世界观的重要组成部分。在磐安炼火的仪式过程中，以火来洁净身体、驱邪祛病的意愿表达随处可见，这正是这种原始的、朴素的世界观的具体体现。

第三，磐安炼火是磐安先民生产力状况的真实反映。非物质文化遗产作为历史的产物，是对历史上不同时代生产力发展状况、科学技术发展程度、人类创造能力和认识水平的原生态的保留和反映。在磐安炼火仪式中，从最早的请神、游神，中间最重要的"过火海""过火山"，到最后的送神、扫耗，展示了村落居民对神的敬畏和尊崇，村民朴素地希望神的降临可以为他们带走邪恶秽物，祈求未来的平安和顺，而仪式中的一些程序和禁忌都是为了这一愿望服务的。从对火的崇拜到对胡公的信仰，都说明在当时的生产力条件下，当发生无法解释和解决的灾难时，古代人类只能寄希望于超自然力量。炼火过程中炼火者所持器具，有许多也是先民们用以狩猎、采集的劳动工具。从这个意义上说，炼火仪式是对人类历史上的生存条件、生存需要的真实反映，折射出民众的群体心态和行为模式，有助于让我们以直观的、形象生动的活态形式来认识当时社会的整体状况。

（二）磐安炼火的文化价值

作为非物质文化遗产，磐安炼火是在特定的历史、社会环境中融合与演变的产物，其中包含着丰富的文化资源，鲜活生动地记录了磐安地区先民们的聪明才智和创造成果，是认识磐安先民群体文化史的活化石和文化财富。

磐安炼火是中华民族文化不断丰富、发展的缩影。从炼火仪式中，我们可以看到十分丰富甚至繁杂的文化元素：原始人类对火的崇拜，先民们通过巫师沟通神灵以求平安顺遂的远古巫文化，中国古代唯物哲学的代表阴阳五行思想，佛、道两大宗教和当地民间原始信仰的有机融合……诸多不同历史时段的文化元素汇集在一起，不仅充分体现出民间习俗传承发展过程中各种文化元素不断融合、与时俱进的特点，也清晰地呈现了中华民族的文化发

展脉络。

　　磐安炼火是多种民间艺术形式的有机融合。在炼火仪式中，从服饰、器械、仪程到各个环节的表演动作，以及唢呐、锣鼓等多种乐器的伴奏，可以看到多种原始舞蹈形式与服饰、音乐、剪纸、雕刻等民间艺术元素。这些历史悠久并在民间广为流传的艺术形式，以炼火仪式祈福祛秽为精神内核相互融合，呈现出了磐安先民的生活风貌、审美情趣。它们是民间艺术创造力、生命力和艺术魅力的充分体现。

　　磐安炼火包含着许多古代科学观念和生活经验。仪式中的许多规则或禁忌，虽然带有浓厚的宗教甚至迷信色彩，但换个角度来进行分析，便会发现其中的科学意义。如炼火人保持身体的洁净、穿着棉布服装，以避免炭火附着在身体上，仪式前半月不挑栏肥、粪便，不行房事，以保持足够的体力和精力等等，都是古人朴素生活经验的总结。

　　磐安炼火是研究磐安民俗文化的活态标本。作为一种民俗文化活动，磐安炼火体现了磐安地区原始鬼神观念、宗教观念、民间信仰观念，也保留了关于胡公、军七公等的具有地方特色的民间信仰传说。所以，研究磐安炼火，对研究磐安乃至周边地区的民俗起源、发展具有重要的意义。

（三）磐安炼火的教化价值

磐安炼火仪式的举行和传播，在一定范围内起到了社会教化的作用，维系了村落、宗族群体的安定团结。炼火仪式中的与神灵交流、祈求平安、祛除邪恶，既是群体意愿的表达，也是安定群体的手段；其仪轨、禁忌中表现出来的真诚、心无恶念、身体洁净等诸多要求，对群体的社会教化有着重要的作用。通过炼火仪式的举行，特定群体内的个人意识服从于群体意识，因此可视其为宗族群体内部的一次加强团结的活动。信仰是集体生活的产物，同时信仰也会强化集体的社会联系。炼火这一信仰活动，把人们的活动置于神圣的意义体系中，一些原本平常的行为被赋予了特殊的神圣意义，也把集体意识内化于个人意识之中，有助于群体的整合与团结，相应地起到维护社会秩序和群体稳定的作用。

举行炼火仪式还起到了加强群体内交流的重要作用。磐安地处山区，旧时交通不便，生活相对封闭，人与人之间的交流沟通十分有限。在炼火仪式的举行过程中，无论是组织者、参与者还是观众，都基本处于平等、协作的关系之中，从而使群体成员产生对整个群体的认同感和归属感，加强了村落的凝聚力，促进了群体的稳定性。

（四）磐安炼火的经济价值

随着全社会对非物质文化遗产的日益重视，许多民间文化资

源和民俗资源成为极为重要的旅游资源，体现出市场开发价值和经济价值。从发展文化产业的角度来说，在强调对炼火文化进行全方位保护的同时，也要有"以开发促保护"的头脑和意识，对炼火文化进行科学开发、合理利用，增强其"内生性"的发展动力。

与传统的生产、流通企业相比，非遗项目创造的经济价值是"隐性"的，但文化旅游对地方经济有带动效应，已经成为当今社会的共识。通过大众媒介的传播，如今磐安炼火的影响比以往任何时代都更加广泛，其原始、神秘的文化色彩也吸引了世界各地的人们前来一睹"庐山真面目"，这也给磐安的文化旅游产业和相关各村落的经济发展带来了一个新的切入点。近年来，通过民俗文化展演等方式，磐安炼火的文化品牌形象和经济价值日渐凸显，也为炼火文化的进一步传承发展赢得了更多的可能和更广阔的发展空间。

大皿炼火（郭丽泉摄）

東坑煉火文化展覽

四、炼火的传承与保护

炼火作为磐安重要的民俗活动，在磐安这方古老的土地上世代传承。历年来，项目保护单位十分重视『炼火』的传承发展，在不断深入挖掘、强化保护的同时，通过各种创新举措促进『磐安炼火』转化利用，使之得到了有效发展，成为磐安文化建设的一大亮点。

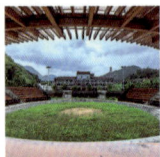

四、炼火的传承与保护

[壹] 炼火文化的传承情况

　　磐安的炼火与当地的地理环境和生活方式相适应，曾深植于当地百姓的精神生活中，世代传承，具有较强的影响力。根据现有资料，磐安炼火的历史可以上溯到唐宋以前。其传播范围只分布于磐安县西南部新渥街道、仁川镇、双峰乡、盘峰乡等地，习俗覆盖受众约 3 万人。

　　在宋代之前，炼火仪式一般在重阳节举行。后来随着胡公信仰影响的扩大，炼火成为胡公庙会上重要的民俗活动，并一直延续至明清时期。在历史上，磐安炼火的举行时间不限于胡公庙会时，在中秋、重阳以及村民遇到灾祸、瘟疫等特殊事件时，也要举行炼火表演。

　　炼火由于在形式上有较为浓厚的巫文化、宗教文化色彩，在中华人民共和国成立之后，一度被当作封建迷信予以禁止，"文化大革命"期间更是受到强烈冲击，但仍有村民悄悄举行炼火活动，使传承未曾中断。改革开放后，在政府的支持下，正常的宗教活动得以展开，炼火也重新焕发生机，逐渐得到复兴。目前在深泽社区、仰头村、大皿村、东坑村、大岭头村、大路村、方山村已组建 7 支炼火队，共计 400 余人，陈有根、羊东方、马国旭、羊南福、羊荣祥、孔宝山、羊福根等一批民间艺人作为炼火队的主要负责人，带领团队有力地推动了炼火习俗的传承。其中尤以深泽社区的陈有根，双峰乡的羊东方、羊南福三人，在炼火活动的组织、相关仪式、内涵的传承等方面具有代表性，在群众中具有较高威望。

（一）主要传承人

1. 陈有根

陈有根，1949 年生，深泽社区居民，深泽社区炼火队负责人。陈有根出生在炼火世家，自幼就参与炼火活动。自 1980 年起在深泽乡文化站工作，到 2010 年退休，一直致力于挖掘、传承民间文化，协助深泽乡调查、发掘、整理了 105 个非物质文化遗产项目，为地方文化的传承发展做出了重要贡献。1972 年，陈有根带领的炼火队成立，队伍 30 余人，在本地有较大影响力。2006 年 6 月，陈有根被评为"全省非物质文化遗产保护工作先进个人"，2013 年 1 月获第二批"浙江省优秀民间文艺人才"称号。在陈有根的影响下，新渥已有 2 支炼火队，成员包括老中青三代村民，能参与炼火表演的人员有一百多人。

陈有根和陈晓明（陈建权摄）

2. 陈晓明

陈晓明，1973 年生，深泽社区居民，陈有根之子，第七批县级非遗代表性传承人。陈晓明高中毕业后参加深泽炼火队，熟练掌握"炼火海"的表演技巧，并进行"炼火海"和"炼火山"两种表演形式相结合的尝试。多年来，除积极参与深泽及周边乡村的民间炼火表演活动外，还积极参加磐安县组织的炼火展演，并多次到永康、横店影视基地配合电视剧炼火表演拍摄。

3. 羊东方

羊东方，1960 年生，双峰乡大皿村人，其祖父羊凤辉、父亲羊乃蔚都是大皿村炼火队员。羊东方 1986 年开始加入双峰乡炼火队，2009 年担任胡公传统历史研究会会长，2012 年担任皿川历史研究会会长，在传承、保护大皿村炼火习俗方面一直尽职尽责。

4. 羊南福

羊南福，1969年生，中学文化程度，双峰乡大皿村人，第八批县级非遗代表性传承人。羊南福师从横山村炼火艺人吴汝归，熟练掌握炼火表演技艺，不仅每年参加重阳

羊东方（周琼琼摄）

羊南福（周琼琼摄）

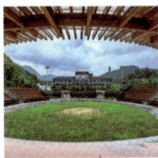

节、胡公庙会的炼火，还参加花溪景区的炼火表演，并收徒传艺。

（二）主要传承基地

1. 深泽社区

深泽乡（乡镇撤扩并后，改为深泽社区）于 2012 年入选市级传统节日保护基地，基地负责人为省级非遗代表性传承人陈有根，基地每年投入一定的资金用于基地建设及项目的传承，每年都要举办 2 期炼火培训，受训人员中，年龄最大的 82 岁，年龄最小的 10 岁，培训面极广。基地还积极组织炼火团队赴外展示展演，如永康西溪之夜等，具有一定的影响力。

2. 皿川历史文化研究会

皿川历史文化研究会位于双峰乡皿二村，成立于 2011 年 7 月，发起人和法定代表人为羊东方，2016 年入选炼火项目的县级传统节日保护基地，研究会致力于收集整理和研究皿川历史文化史料，宣传、推动皿川历史文化事业，在炼火文化的传播、传承和研究，炼火活动的组织等方面做了大量工作。

3. 双峰乡东坑村委会

东坑村是双峰乡较大的村，双深线横贯全村，交通便捷，旅游资源丰富。炼火民俗在东坑村传承已久，每年的重阳节都会举行炼火表演。为了保护这一非物质文化遗产，东坑村特别建立了炼火文化展示馆，通过图文、实物资料，以及声、光、电等现代化手段，向人们展示炼火文化的魅力。2016 年入选炼火项目的县级传统节日保护基地。

深泽炼火队"走方位"培训（磐安县非遗中心提供）

大皿炼火队培训场景（周琼琼摄）

东坑村炼火文化展览馆（张响林摄）

[贰] 炼火的保护与发展

磐安炼火起源于先民对火的崇拜，是古代"祓除"习俗的遗存，兼具驱瘟、辟邪、祈福、求平安等目的，有一整套规范的仪式，在磐安世代传承，充满神秘性、独特性、群体性和艺术性，是传统民俗文化的"活化石"。因此，历年来，磐安县对炼火项目都极为重视，在不断深入挖掘、强化保护的同时，通过各种创新举措促进磐安炼火活态化传承，使之得到了有效发展，成为磐安文化建设的一大亮点。

（一）挖掘整理，成功申报国家级非遗项目

组建项目保护小组，进一步开展炼火项目的普查工作，深入细致地摸清历史沿革、分布区域等基本情况，并进行归类整理，建立数据库，抽调人员编辑《炼火资料集成》。制定炼火专项保护五年规划，着力于炼火文化的保护传承，每年安排10万—15万元经费用于保护炼火，2017年还投资300余万元建成炼火演绎场，为炼火提供了良好的展示传承场所，保障了保护工作的顺利开展。目前，有炼火传统的磐安各村都有专门的炼火场地，总面积不少于2000平方米。

双峰炼火广场（双峰乡政府提供）

（二）创新制度，促进炼火特色团队的发展

炼火作为群体性非遗项目，参与人数多。在工业化快速发展的今天，外出务工人员越来越多，炼火的传承发展相对困难。针对这一现状，磐安创新非遗保护传承制度，探索非遗特色团队管理的模式。各非遗特色团队以村为单位组队，由村书记或村主任兼团队的负责人，各村生产小组的组长为骨干，每次展演活动前一周，村书记召集生产小组组长开会分配任务，再由各组长具体落实到人，通知外出打工的演职人员回村。几年下来，"村委式"的团队管理模式已相对成熟。在非遗特色团队管理模式下，磐安县发展了炼火非遗特色团队 6 支（深泽村、大皿村、东坑村、大

炼火勇士图（厉金未摄）

岭头村、大路村、方山村炼火队伍），各团队之间经常开展业务交流活动，其中大岭头村炼火队经常邀请大皿村炼火队结对指导，传承队伍逐渐壮大。

（三）强化宣传，知名度和影响力与日俱增

积极组织参加省内外及全国性的各类非遗展演活动，如参加全国非遗保护成果图片展、永康西溪炼火晚会等，提升磐安炼火影响力。加强与主流媒体的合作，磐安炼火频频登上央视，如中央电视台中文国际频道《远方的家》（2012 年），中央电视台科教频道《地理中国》（2014 年），中央电视台农业频道的农民春晚《过年了》（2016 年），央视纪录片《传承》（2018 年）等。此外，

《锦衣卫之炼火记》宣传海报

还得到了新华社、环球网、人民网、中国文化报、学习强国、浙江卫视等媒体的大力报道。近年来，磐安炼火还参与了影视剧的拍摄，如《黄昏中的鱼肚白》《锦衣卫之炼火记》等，极大地提高了磐安炼火的社会知名度和影响力。

（四）"活化"利用，走出文旅融合新路子

2021年9月，紧紧抓住磐安炼火列入第五批国家级非遗名录的契机，磐安着力推动民俗类项目炼火的创造性转化、创新性发展，重点打造"花溪炼火"。国庆期间，花溪景区因炼火这张金名片成为各地游客必到的网红打卡点，短短七天，景区游客接待量达5万人次，创历史新高，特别是炼火当天，相比往日新增游客

花溪炼火（郭丽泉摄）

5000 余人次。景区农家乐更是异常火爆，全村 55 家农家乐，上千个餐位、床位供不应求，旅游人次较往年增加了 3 倍以上。炼火让花溪景区重焕生机，丰富了景区冬季旅游业态，同时也催生了新职业，参与炼火的非遗传承人从以往自娱自乐表演炼火到如今有了固定的收入，进一步提升了幸福感。炼火常态化演出为花溪景区赋能引流的同时，也为民俗类非遗项目广泛传播和大力弘扬提供了广阔的平台，进一步推动非遗的守正创新、传承发展。

五、附录

[壹]《传承（第二季）》之《磐安炼火》解说词

2018年4月14日，中央电视台中文国际频道（CCTV-4）首播的大型人文纪录片《传承（第二季）》播出了《磐安炼火》，其解说词记录如下：

旁白： 再过三天便是重阳佳节，村民杨仙菊和乡亲们结伴上山，采摘做粽子的粽叶。炼火，是磐安县绵延千年的传统民俗。被称为"火炭上的舞蹈"。它源于对火的崇拜，以火烧炼、驱邪祈福。"磐安炼火"固定在每年重阳节之夜举行。

《传承（第二季）》磐安炼火海报

陈有根： 我叫陈有根，是磐安炼火的省级代表性传承人。

旁白： 今天，陈有根要带人到周围几个村收木炭，为重阳节炼火做准备。陈有根是深泽乡炼火"闹火海"项目的能手。磐安

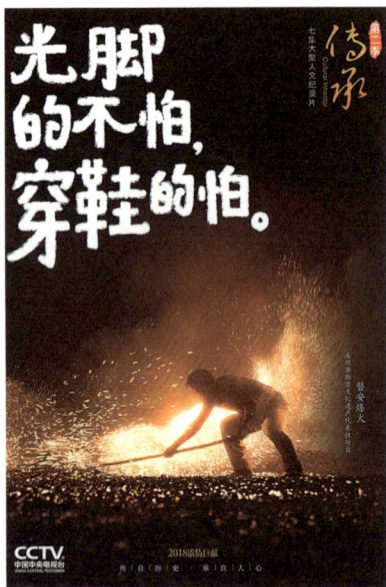

炼火有两种精彩形式，双峰乡的"踏火山"，还有深泽乡的"闹火海"，而"踏火山"显然难度更大。

陈有根：有火海、有火山一起都能炼，那更加精彩。我自己也想叫几个尝试一下，是不是"踏火山"我们也能够成功。

旁白：晚上，陈有根在家摆上酒席，请来以前学过"踏火山"的马星亮大哥。今天，他要向前辈拜师学艺。明天就是重阳节了，杨仙菊和乡亲们开始包粽子，在外打工的儿子杨建终于回家了。"踏火山"活动非常耗体力，杨仙菊看到身强力壮的儿子，心里也多了一些欣慰。下午时分，雨越下越大，陈有根不由情绪焦虑。

陈有根：雨下太大，地上都有水坑，那不好弄的。肯定天要晴，场地上稍微有点水都没事，最好还是有太阳。

旁白：水火是天敌，大雨之下如何炼火？大家也苦无对策。事已至此，陈有根只能先安排众人做好分工，静等雨过天晴。

陈有根：场地、材料、安保、后勤、音响，各项工作已落实到人，各人分头去准备。

旁白：第二天，天气转晴。陈有根马上开始着手晚上炼火的准备工作。在上百箩筐木炭之外，他还特意多加装了一些木炭，准备在"闹火海"结束后加炼"踏火山"。炼火，其实就是拜火。这里的炼火场景与先民狩猎归来，围着大堆篝火庆祝狂欢的场景极为相似。后来，炼火又兼具了祈求福顺康健、风调雨顺等目的，

形成一整套规范仪式，具有了强大的传承生命力。重阳夜，双峰乡表演的"踏火山"首先登场，几乎一上来就达到了高潮。

　　陈有根：火是火旺，在火山上能够闯过去，今年家里就能够赚钱顺利，家里人身体健康。

　　旁白：此时，在深泽乡炼火场，陈有根指挥的"闹火海"表演，也不甘示弱。

　　陈有根：我们可以从西到东，从南到北。两个人并排，双龙出水（队形）。

　　旁白：而后，陈有根和大家开始操练"踏火山"。

　　陈有根：烧棍摆下去，摆下去再拨，拨开就冲过去。

《传承》炼火摄制团队（周琼琼摄）

村民：对，要冲过去。

旁白：马星亮老人亲自指导，在场众人轮番出入火海。江湖不在别处，炼火就是江湖缩影，闹火海，勇气比智慧更加重要；踏火山，信心比常识更加重要。赴汤蹈火，从来不是人生说过就算的游戏。驱邪祈福，其实更是不惧世事无常的勇气，视为勇猛，终得精进。

［贰］大皿村炼火

那是钻木取火的远古，摩擦生热产生火种。火种就是火的种子，从而生生不息。从此，茫茫大地火光照亮黑暗，长长夜路火把驱逐野兽，狩猎烤熟食物，族群篝火取暖……火的获取促进人类进化的步伐，从类人猿到周口店和山顶洞，从旧石器到新石器……之后懂得以火熔铜，于是有了青铜时代；之后懂得以火化铁，于是转为黑铁王朝……继而以铁炼钢，历史迈进工业革命时代，一路前行来到今天，人类共同高擎思想火炬，合力创建人类文明世界。

火炬、航标、灯塔、长城烽火台……这些词语里无不蕴含着火的热度。是的，这里便是有着火的热度的地方。这里是浙江的磐安。

这里是磐安县的大皿村。"大皿"是个极其别致的村名，不光大皿村名别致，大皿村民间传统文化更加独特——神州大地不乏

浴火（郭丽泉摄）

古老文化遗存，纵然踏遍山南海北寻访民间习俗，至今保留"炼火"民俗文化传统的汉族居住地，只有金华市磐安县，别无他处。

说古道今，举凡古老文化遗产皆有自身来历。大皿村的历史可以追溯到唐代。羊氏始祖羊愔避乱弃官，隐居皿川，距今足有千余年历史。羊姓乃华夏古姓，如今民间依然流传皿川先祖羊愔"食菇成仙"的神话传说，保留祈福避邪的"炼火"传统。

人类历史从来没有离开火。熔铜冶铁淬钢，我们从来都是以火炼物，民间更有"真金不怕火炼""烈火识真金"的俗语。那么磐安民间何以炼火？这便是大皿村非物质文化遗产的独特价值。

望文生义，炼火就是以火炼火，似乎是火对火的熔炼，其实是火对人、人对火的挑战。金秋佳节，我们来到大皿村，这是一个炼火的夜晚，秋风送爽，月明星稀，冷峻的秋意已然写满远山。大皿村乡场民众聚集，那原本水银泻地般的皎洁月光，却被乡场中央的火炭堆夺去了成色。这火炭堆便是"火坛"，几经铁耙和芭蕉扇将炭火烧旺，这座火坛宛若蕴含着无比热量的小火山，不由令人想起侏罗纪曾经喷薄而出的火山岩浆，在磐安境内形成独特的人文地理景观。

乡场近旁的绛紫色仿古建筑，高大巍峨，"胡公纪念堂"横匾高悬于飞檐下，昭示着先贤胡公的功德。大殿门楣上红底匾额镂

炼火之开水火门（张响林摄）

刻"赫灵"二字，金光闪闪意为"巨大的神灵"。这正是"炼火"的精神殿堂吧，中国乡村祈求先祖神灵保佑的习俗，血脉流传绵绵不绝。

胡公纪念堂大殿里，炼火队员们拜谒先贤，感恩人寿年丰，祈求世间太平。这也是千年流传的古俗。之后炼火队员们沐浴净身灌足，充分热身，随即出场了。

炼火队员依次跨出胡公纪念堂，他们赤身露膊，下着青裤，腰扎白布宽带，有香官提灯引路开道，后随鸣锣响场，山人带领炼火队伍行走火坛四方，依次礼行"开水火门"仪式，为首者以大碗清水泼地，三番伏身画符。此时"炼火"的神秘感笼罩着乡场，人心激越。

十五个男子汉手持长柄钢铲，光脚环绕火坛行走。一个年轻炼火队员脊背纹有"富贵在天，死生有命"刺青字样，这更加引发炼火表演的危险预设，几乎步步惊心。

战鼓咚咚敲响，唢呐哇哇吹奏，炼火队员再度围绕火坛行进，此时有汉子挥动长柄铁铲扫拂火炭，似乎在给炼火队员们热场。表演前的预热显得时光漫长，流传千年的炼火仪式愈发令人期盼。

终于开始表演了，所谓"炼火"竟是轮番跑过 800℃高温的炭火堆，俗称"踩火"，炼火队员依照北进南出、西进东出的顺序，赤膊光脚快速穿过火坛，踏起团团火星，引得光焰升腾，炽热直扑夜空，这场面惊险而激烈，令人惊叹炼火勇士天生铁脚板，踏过火炭如履平川。

那座火坛被炼火队员反复穿越，明灭可见的"小山丘"渐渐被踩踏得平坦。随着"踩火"表演临近尾声，这堆炭火被摊平展开，中间留出一条人行通道。此时观众们争先恐后排队快速通过，切实感受"炼火"余温的炙烤，这也算是实现了金秋佳节的亲自"踩火"，可谓有福加身。就这样，一年一度的炼火表演，已然化作中秋佳节的民众喜庆分享，人人带福还家，全家其乐融融。

磐安炼火，古老传统。秋夜踩火，保佑人生。

娱神娱人（裘永刚摄）

肖克凡

节选自《磐安如磐》（原刊载于《中国作家》2021 年 12 期）

作者简介:

肖克凡，国家一级作家，编剧，享受国务院特殊津贴专家，中国作家协会第九届全国委员会委员，天津市作家协会副主席，现任天津市作家协会文学院院长；发表和出版多部散文和中、长篇小说，担任电影《山楂树之恋》编剧，曾获得天津市首届青年作家创作奖（2002）、人民文学奖中篇小说奖（2022）等奖项。

[叁] 炼火者

火与血，呼啸的猛兽。蛰伏在黑夜深处，狂暴的腾跃被暂时锢守着，准备随时蹿出，成为千百只癫顽的魔爪，啮噬你的肌肤，喷吐它的火舌。就算碎了一地，每一颗炭，都是它灼烫狰狞的牙齿。蓬燃在广场上的火堆，足有一米多高，是敞开的大炉，各家挑来的木炭，是最好的木炭，叮当作响，跟钢铁一样，一百筐或者一百五十筐，必须用干枯的蕨草点燃。这是全村老少的嘱托，汇聚着他们的热情，燃烧起来。已经烧透，呆呆透亮，金碧辉煌。笼火的人往上铲炭，接着火焰腾起，火星汹喷，火力四射，如金色的蝗虫飞舞，能够感受到那酷烈的、滚烫的火力……火焰焚烧后的热烬在天空漫舞，像纷飞的蝴蝶，落到每个人的头上和肩上。山风吹过，火光舐卷。铲火的人将火堆得更高。大皿村广场上，火的家族突然啸聚，这是一次重大的火拼。围观的人们面红耳赤，情绪正在被激起……胡公纪念堂大门上有一块匾额，写着"赫灵"——是的，这赫赫的神灵，火的神灵。被火供奉的、生于北宋的进士和清官"胡公大帝"胡则，被当地视若神灵。他在云端，在深邃的夜空俯瞰并接受着他爱火的子孙和乡亲的祭拜……

炼火的人来了。

炼火者一律光膀、赤脚、蓝裤、白肚巾。他们举着长长的平头刀（火铲），若有所思，气定神闲，临危不惧。夜，双峰山黑魆魆的、诡异的、凝滞的、不敢吭声的夜。这广大的黑夜中我们曾经恐惧过的一切：道德、习俗和宗教，还有漫长岁月中的隐忍与屈辱，都将被火冲溃。

大鼓响起，健壮的少妇们挥动起鼓槌，敲响咚咚的鼓点，这是踩火的序曲，在火海里行走的人即将登场。他们是地道的农民，没有五大三粗，没有膀大腰圆，没有豪气干云，有的年老，有的瘦小，有的甚至带着农民的羞涩。执起火铲，晃着手臂，张着脚丫，对那堆燃烧的火炭没有畏惧，熟视无睹，泰然自若。

是的，它叫炼火。炼火，这个古老的、藏在浙中山区的壮美习俗，这英雄主义的玩火，就是炼火，不用解释，是最好的名字。就是锤炼锻打下的铁血之火，是炼狱里焚烧一切的火。它也叫踩火，这轻描淡写的踩火，让伟大的、豪杰的行为变得风轻云淡、

过火山（陈建权摄）

波澜不惊。沸腾的火堆，狂烈的勇士，被神话、巫术和信仰激励的人们，他们是黑夜的精灵与火舞者。

散布在南方群山间的火焰，堆积如山的炭火，是撩拨和造就好汉的，是一座活火山，是人们景仰的高峰，是狂欢和呐喊的理由。在浓烟中升起的火图腾，一个又一个沉沉的黑夜，是风雨雷电的磨砺。南方的血液如惊湍，呼啸而至，太阳里的火，正在靠近我们每一个人。这个神秘假寐的幽灵，即将从火的深处醒来，石破天惊，火光冲天，它将焚毁一切的黑暗和邪秽，点燃人们的渴望，驱赶大地的寒阒……

东南西北四角的长竹火把点燃，火把的方向就是水门，踩

欢乐鼓（郭丽泉摄）

火者从火海中踏过，必须往水门而去。那个胖胖的类似巫师的山人，为踩火的勇士们象征性地净身，在"赫灵"二字下，站成两排的蹈火者，双手拄着平头刀，脚踩画有避火咒符的黄斋纸。这些踩火人已提前三天斋戒，沐浴净身、不近女色。山人又点燃三张黄斋纸，给炼火者全身上下熏扫一遍。称为"烙火浴"，所有的晦气和秽气被焚熏一净。在香官的指引下，胖胖的山人，腆着肚腹，有将军气概，面带神秘的微笑，傲视群雄，睥睨一切。他来到火堆前，一声喝吼，声震夜空。点香烛，供酒，念《三捻香》，唱《香赞》《水偈》，念《净水咒》。他边念诵边画着神秘的符咒，他带着踩火队绕火三圈，这火叫火坛，是的，火的祭坛。从火坛

的东，到南，到西，到北，同样念着咒语，似乎在向火禀告什么，脸上有虔诚和谦恭，就这样，他一一打开了四方的水门和火门，这片天地就属于炼火者们了，召将请圣，全是护佑他们的神灵。他们将顺利地蹚平火山，跨过火海，胜利归来，毫发无损。他们视火山如平地，视火海如溪沟……

倏然，山人口含圣水，喷向火坛，一阵烟雾腾起，他躬身向火坛虔诚祭拜……

灯光全熄，大地进入天地初创时的黑暗，一时的岑寂，广场上鸦雀无声，如万古长夜……炼火者消失了……乍然，鼙鼓动地，万骑烟尘，火坛爆裂，火星迸射，流光溢彩，璨若金殿。人群疯狂惊呼，瞬时山摇地动。手执长柄火铲的人，将火堆扒开了！一个在夜火中飞跃的影子，像一只灵豹，扑上火堆，他向火山攀跳而去，然后几步跃下，每一步，脚下都是燃烧的火焰。他的双脚踢踏出澎溅的火蕊，像是钢花沸腾，射向人群，炉膛一样的暴热向观看者嗖嗖飞来……

一次一次的拨火，一次一次的扬火，一次一次的跃入，一次一次的蹚过。每一次，攀越火山和跨过火海的英雄，矫健的身影，在金色的火光和通红的火堆中，在飞溅的火星和滚烫的火焰中穿越的人，就是神话中的英雄和永生的神灵。宛似九月稻谷的闪光，饱满、炽烈、金黄、喷射。摇荡的金秋之舞，粗犷、野蛮、无畏。

火中的灵魂，天真释放的豪情，璀璨的星空，火焰下茁壮成熟的子孙，他们收割着谷粒和生命的火焰。这九月丰产的烈火风暴，如此壮美，不可思议。就算是炼狱，命运也是使命。热风吹雨，吞噬卑怯孱弱的肉体，烘燃世界冷漠的魂灵。

那可是由800℃烈焰和高温组成的火堆，如果一步、两步、三步还跨不过去，如果在火堆上凝滞几秒，或者绊倒在火堆中，他将遭受大面积烫伤，甚至会危及生命，焚燃在火堆里，成为一缕青烟。想想都不寒而栗，那些踩火者，是一种什么样的力量支撑着鼓舞着他们？是什么样的冲动和魅惑使之赴汤蹈火？那火中的幻觉，火中的召唤，如何将他们诱入这烈焰蒸腾的火海中心？

踏火山（倪正奎摄）

与火共舞（周济生摄）

拔火（郭丽泉摄）

　　红焰嚣嚣。怯懦者走远了，留下真正的勇士，在火中聆听自己血潮的暴涨，聆听深沉的血脉在这个古老村落的夜雾中叩击跳动。如黛的群山剪影中，沿着祖先指点的路翩然而下，在灼热的火山上找到他们。纵然，化为灰烬的只是骨肉，而精神和传说长存。生命爆发的光焰，因这些舞火者，在滚烫的大地上恢复了祖先们的骄傲与奇迹。这是献给神灵和先人的祭火，这一瞬间的闪耀，火中的身影，就是我们梦中祖先的神奇显灵……

　　炼火者越来越欢，越来越勇，北门冲入，南门杀出；西门冲入，东门杀出。"十字插花""双龙出水"……火的苍天和大地，冲破荆棘和封锁的火门，频频听到炼火者体内响起的远古血性的呐喊，火坛上升为穹窿，所有的血脉，都是一座庄严巍峨的祭坛。

　　一刻钟，一坛，四十五分钟，三坛。踏火山、闹火海，炼火者蹈袭在火中，已经是一只只摇头摆尾、踢踏烟尘的金狮，是一只只浴火重生的涅槃凤凰……而那个潇洒的大肚山人，更是在火海中、火山中如履平地，闲庭信步，让人目瞪口呆，不知有何高深的道法。大锣铿锵，钲鼓齐鸣，金蛇狂舞，火龙飞腾……这乡村的狂欢，如火如荼，似焚似炼！

　　据《磐安县志》载，胡则被当地百姓尊为"胡公大帝"，生前喜观炼火，他死后，当地案堂每年都要到永康方岩炼火，意为胡公"跑炼乌金"。磐安大皿村胡公纪念堂前的炼火，千百年来，从

未熄灭，一条金色的河流，一直滚动着逼人的热浪，沸腾着他们的血液，并照耀着那片土地上生生不息的人们。

火山蹚平了，火海黯淡了，大地还是滚烫的。炼火者从火海的中间扫出一条道来，所有观看的人，都要从中走过，感受这火坛的余威，祈祷来年的日子红红火火，越来越火，顺利走过这人生中的火焰山……

磐安炼火，为国家级非物质文化遗产。如此剽悍、狂放、刚劲、酷烈的炼火，藏在浙中山区的野地里，火焰煎炼的民风、披着闪闪金鳞的蹈火者，彻底颠覆了我对柔性江南的印象。

陈应松

（原刊载于《中国作家》2021年12期）

作者简介：

陈应松，江西余干人，中国作家协会会员，国家一级作家，曾任湖北作家协会副主席、文学院院长，中国作家协会全国委员会委员、湖北省政协文史委副主任，享受国务院特殊津贴；曾获鲁迅文学奖、中国小说学会大奖、《小说月报》百花奖、《中篇小说选刊》奖、全国环境文学奖、上海中长篇小说大奖、《小说选刊》小说奖、十月文学奖、人民文学奖等重要文学奖项，出版小说、散文、诗歌等文学作品集140余部。

［肆］"炼火"记

（一）

我们在黑暗中前行。晚上七点，我生活的云南，夕阳还照耀着宁静的山岗与河流，地处中国东部的磐安却早已被夜晚的布幔覆盖。这个世界，其实并非只有高山有落差，时间也是有落差的，只是我们的目力难以企及。前往双峰镇观看非遗项目"炼火"的路途中，感觉大地的节奏随着阳光的撤离慢了下来。此刻如果我们能够在高天向下俯瞰，也许会发现一块面积巨大的黑色幕布在

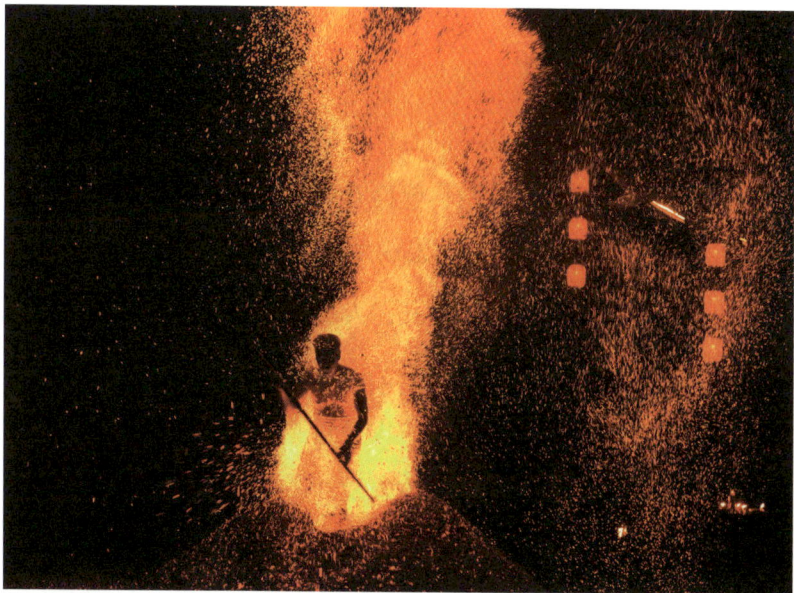

大皿村炼火（孙成安摄）

炼火

大地上缓缓移动，由东而西，由黎明而黑夜，周而复始。

在以往的经验里，似乎只有在城市，才能够在夜里观看表演。城市的夜晚灯火辉煌，路灯、高楼上的装饰灯以及屋里弥漫出来的灯光，完全可以把黑夜照得如同白昼。如果需要的话，演出的场地甚至可以比白天更明亮。但偏远的乡村不是，夜晚到来，黑暗仍然是乡村的主色调，虽然也有一些灯火在夜幕中闪烁，但微弱、隐忍，有如风中的火焰，让人担心眨眼之间就会熄灭。

"炼火"的地点还在前方。夜晚到来，诸神隐匿，万物藏身于黑暗中，世界只留下一个模糊的轮廓。从远古的时候开始，这个世界就由光统治。大地分为有光的地方和无光的地方，整齐划一，不可动摇。人们按照光的指令，日出而作，日落而息，从来没有人忤逆。但火的出现改变了旧有世界的规则。火光的照耀下，隐藏在黑暗中的事物得以现身，就像有人强行撕开黑幕的一角，让我们得以看到隐匿的真相。原本切割清楚的黑夜与白昼被改变了。有了火光的照耀，黑夜千疮百孔，人类的作息时间从此不再听从自然光的安排，他们试图主宰自己，从左右自己的时间开始。

透过车窗，借着附近灯光，我看到前方的临时停车场里摆满大大小小的车辆。对于史前人类来说，停在那儿的车辆是一些令人匪夷所思的钢铁怪物。设想一下，如果古人通过时间管道穿越到今天，突然发现黑暗中，原本野兽出没的山野钻出一些从来没有见过的怪物，轰鸣着从四面八方扑过来，他们一定会大惊失色，立即掉头逃之夭夭。要知道，车头上的远光灯可比黑暗中的老虎眼睛明亮得多，也恐怖得多。我相信，一辆汽车出现在古代，就能够在当时的世界所向披靡。我之所以这样胡思乱想，是发现我们今天习以为常的一些东西，比如飞船、火箭、高铁、飞机、巨轮……一切的一切，追溯上去，好像都与火有关。

（二）

从停放车辆的数量来看，这天晚上前来观看"炼火"的人不少。周二，中秋节后的第一天，十五的月亮十六圆。但月亮还没出来。九月底了，时间的年度指针已经指向西北偏北，这个时候的月亮总是一再推迟出场的时间。长庚星在西天闪烁，像个勤快的报幕员，主角还没出场，此时它便是天空里最明亮的光源。作为大地上的呼应，远远近近的村庄，万家灯火早已营造出地上银河的灿烂景象。当我们乘坐的汽车停稳，一群人从车上鱼贯而下，我看见夜空下有个地方人群簇拥，头顶上空有一团光晕笼罩，隐约有喧嚣声从那儿传来，也有火光在人群中闪耀。不用说，人群围拢的地方一定就是炼火之地。

由车场到炼火所在的地方有两三百米路，斜坡，没有特殊的照明装置，但天地之间的星光、灯光以及不远处召唤我们的火光，已将夜色稀释，让脚下的道路隐约可见。夹杂在人群中往火光闪

耀的地方走去，我有些恍惚，好像这种在黑暗中高一脚低一脚前往某个火光闪耀的地方，是我过去曾有的经历。我在记忆中搜寻了片刻，完全不得要领。也许，这种记忆来自于祖先，而后通过遗传藏在血缘神秘的基因里。此刻，世界上正有一群人被火召唤，从黑暗中聚集过来，这是从远古到现在不断重复的情景。以前，我没有想过火对于人类意味着什么，我以为它天生就有，与生俱来，被人膜拜又令人畏惧。

早些年，谈到人与动物的区别，书本上给予的答案是进行劳动和制造工具，可我曾在电视上看到大猩猩用石头锤砸坚果，也曾看到海里的水獭仰身，用石头锤击怀中的蛤蜊，我还看到大猩猩将草茎伸进白蚁窝，从中粘食愤怒的白蚁……记得当初我看到这些画面时，脑袋里充满了疑问，我一直觉得用进行劳动和制造工具来作为人与动物的区分，实在是有些勉强。另外，我觉得推动人类进步和社会发展的力量不在于答案的统一，而在于答案的分歧。在哥白尼之前，我们都以为地球是宇宙的中心，那是中世纪前人类的标准答案，但出了一个离经叛道的哥白尼，认为相对于太阳来说，地球只是小弟。在磐安观"炼火"让我意识到，人与动物的最重要的区别是对火的控制、掌握和使用。当然，也许还会有人举出猩猩的事例来反驳。据说，猩猩能够模仿人类用燧石取火。作为基因与人类有较高相似度的猩猩来说，它们能够模仿人类的许多行为，燧石取火只是其中的一种。问题是，他们只是模仿而不是创造，再说当大火熊熊燃烧起来时，你在猩猩的眼睛里看到的不是欣喜，而是恐惧和不知所措。可以说，正是凭借火的加持，人类才战胜自然界里的其他动物，成为这个世界的主宰。

（三）

越过围观人群的头顶，借助火光和灯光，能够看到一座庙宇的檐角镶嵌在黑色的天幕里，私下猜测它会不会是火神庙。我知道，有不少民族信奉万物有灵，所以大地上有许多水神庙、山神庙、雷神庙、树神庙，但好像唯独没有见火神庙。大体是，山神和树神是原地不动的，而水神雷神每年都会如期到来，立起一个庙来，不至于空等。但火神是移动着的，况且他性格那么暴烈，不好驾驭，每次到来既意味着温暖，也可能意味着灾难。如果真说有火神庙，那么彝族人家的火塘也许可以算。杨丽萍编排的《云南映象》里有这样的唱词：太阳歇歇么歇得呢，月亮歇歇么歇歇的，男人歇歇么歇歇的，女人歇歇么歇不得，女人歇下来么，火塘会熄掉的。

可见火塘对一些民族来说，是相当神圣的。它如果熄掉，生活就难以继续。在我的故乡，至今还保持着这样一种习俗：如果一户人家要乔迁新居，第一件搬进家的东西会是火盆或者火炉，

它意味着日子的继续，也象征乔迁新居以后的生活会红红火火。我们说开门七件事：柴米油盐酱醋茶。柴放在第一位不是无缘无故。没有柴，就生不起火，而没有火，其他一切都无从谈起。

事实上，在远古的时候，火不但将人类与动物分开，而且促进人类社会的产生。当古人克服对火的恐惧，享受火带来的光明和温暖，火便意味着凝聚和召唤。家庭产生以后，火塘成为一家人的核心，大的议事、商讨、庆祝，都在火塘边完成。如今你只要去云贵高原或者青藏高原，你就会发现火塘在那些民众的眼中究竟意味着什么。火塘放大，成为空地里燃烧的篝火，族群往往会围绕着篝火开展活动，被火吸引和凝聚在一起的人多了，社会自然而然形成了。

据说，在人类主宰世界之前，在地球上横着走路的是恐龙。有一种观点认为，因为恐龙的灭绝，人类才可能诞生，否则，体格上的完全不成比例，人类根本没有机会出现，更不可能在地球上说了算。如果人类真敢出现在恐龙时代，一只体形巨大的地震龙要把比泰森还强壮的人灭掉，易如反掌。那情景，可以从一个人把一只蚂蚁捻死中得到答案。问题是，在缅甸的野人山，当年远征军士兵坐在路边休息，有可能半个小时就成为一堆白骨，而凶手是用一个食指就能够捻死的蚂蚁，听说南美的热带丛林里这类似的悲剧也发生过。相对于恐龙，人类显然比蚂蚁要聪明得多，更何况还学会了使用火。我一直好奇，如果恐龙不灭绝，有耐心等到人类出现，那么陆地上体量最大的动物，与世界上最聪明的人类对决，谁会是最后的胜利者？

其实，这个答案再明白不过。如果你只身到了野外，你会发现火仍然是人类防范野兽最好的东西。央视转播过一个《荒野求生》的节目，英国冒险家贝尔独自在渺无人迹的荒原穿行，如果要睡个好觉，他得在藏身的洞外燃上一堆篝火。黑夜来临，火光在山野里闪烁，远远近近的野兽见到了就会绕道而走，对火的恐惧来自于它们祖先的记忆，如今已成如影随形的本能。对于它们来说，火意味着的是死亡、危险、灾难和惨痛的教训。恐龙如果要与人类一决高下，除非它也能够使用火，否则，再大的体量都白搭。在人类出现之前，上苍不是没有给过恐龙机会，但它因为一直读不懂"火"这部"葵花宝典"，所以只能够将地球腾出来，让给这个世界上唯一能够靠近、利用和掌握火的动物。

（四）

穿过人群，来到双峰镇炼火的场地边，我才发现那高耸的庙宇并不是火神殿，而是胡公祠。有了现代化的照明设备，胡公祠里灯火辉煌。庙额是"赫灵"两个大字，繁体，不知道这位胡公究竟与火神有什么关系。向坐在身边的当地人了解，才知道胡公与火神并无什么联系，胡公只是宋代的一位清官，颇有政绩，当

地人立祠以纪念。之所以在胡公祠外面"炼火",是因为祠外有一空地,便于燃烧火堆以及炼火者一会儿过火山时闪转腾挪。

有一种观点认为,因为对火的使用,人类能够吃到熟食,从而促进大脑的发育,最终成为"宇宙的精华,万物的灵长"。这个说法当然不错,但我觉得对人脑贡献最大的,乃是食物的拓展,这就不得不谈到农耕文明。因为有火的帮助,人类告别茹毛饮血的时代,而农作物的种植,哪怕是被我们今天视为落后的"刀耕火种",也极大地拓展并保证了人类的食物需求。

正是基于对火的感激,从东方到西方,都有关于火的神话传说。中国有燧人氏钻木取火,还有"击石取火"的祝融,西方有普罗米修斯从天上盗火种给人间。从人类的发展史来说,无论是燧人氏钻木取火,还是祝融击石取火,都可以说是天才式的发明,其意义超过后来所有发明的总和。前者被尊为燧皇,奉为"火祖",后者被称为"赤帝"。中国人所说的"三皇",通常指的是燧人氏、伏羲氏和神农氏,发明钻木取火的燧人氏排在三皇之首,足以证明火对于人类生存繁衍的重要。有了火的使用,才有了伏羲氏的结网罟、养牺牲、兴庖厨、刻书契、作甲历,也才有了神农氏斫木为耜,揉木为耒,人类方才有机会告别茹毛饮血,开启农耕文明的历史。

"炼火"所在的磐安,是中国农耕文明最重要的发祥地之一。

二十世纪三十年代发现的良渚文化，是人类早期重要的文化遗址，也是农耕文明难得的历史遗存。那个时候，稻作农业已趋于成熟，有了籼、粳稻之分，还配合有了石犁和石镰等工具。今天的杭州城里，建了良渚博物院，建筑是英国建筑大师大卫的作品，我从馆藏的物品里，发现了已经炭化了的五千多年前的稻谷。磐安离良渚遗址不远，两地有着千丝万缕的联系。虽然说当人类进入农耕时代，于生存而言，拥有平整的土地是必需的。但在人类早期，对抗自然的能力弱，仅有平整的土地显然无法应对大自然的突然变脸。那个时候，水是悬浮在古人头上的一把剑，只要上天发怒，降下暴雨，大地立马洪水滔滔。因此居住地的附近拥有一个隆起的高地就非常重要。在我接触过的人类史诗中，几乎都有洪水滔天的记录。汉族的神话以及西方《圣经》所记载的就不说了，两河流域的美索不达米亚文明、遥远神秘的玛雅文明都有洪水肆虐的记录，就连生活在云南高原的彝族和哈尼族，他们民族的史诗中也少不了洪水肆虐的描述。如果留意中国古代的城市选址，会发现大都依山而建。我居住的昆明过去的老城，也是依山而建，为的是洪水泛滥时，人们有个高处可以躲避。在缺乏气候监测的古代，这样的高地，相当于城市用于急用的避难所。而对于良渚文明来说，隆起的磐安，便是洪涝之年，生活在平地的古人向高地疏散的息壤。如果碰到大旱之年，半水半田九分山的磐安，则

又会成为一座储水塔，将先前接纳、储存的水分放出来，滋养山下平原地区的芸芸众生。

（五）

"炼火"还没有开始，需要准备的东西太多。净身、濯足、祈祷，对于火，人类的情感复杂。世界上的一些恩赐，本身就带有自身的威严，火尤其如此。人们既感激，又畏惧；既欢喜，又担忧，需要它为伴，却又小心翼翼。尽管千百年来，人类试图驾驭火，并能够将火转化的动能让飞船遨游天际，让火箭穿越大洲和海洋，但大自然的力量不是人力可以彻底控制的，每一年，都会发生几桩大火失控的事故，提醒人类面对火，要保持永远的谦卑与谨慎。

那一天，我们去看炼火时已经迟了一些，没有看见之前的准备。但是可以想象得到，空地中，人们先得确定火坛的位置，将木炭堆点燃。我们抵达时，火堆燃烧得正旺，木炭不时发出哔哔啵啵的响声，烟尘和火星向上升腾，在某个不确定的高度突然隐身。火堆上面的繁星是看不见的，好像在空中被一个巨人的身影挡住，让人觉得火神就在那儿张望。炼火的夜晚，这儿便是火神的道场，是他的神位，是他接受顶礼与膜拜的神坛。燃烧着的火堆，中心温度会高达八百摄氏度，但人体的皮肤连六十摄氏度的温度都耐不住，只需要一分钟，就会导致三度烧伤。所以我很难想象，究竟是什么力量，让炼火者的赤足从火山上踏过而不受伤。

我也曾经在云南中部的双柏县看到过匪夷所思的一幕。当地的毕摩，也就是彝族的神职人员，将金属铸造的犁铧放在柴火中烧红，然后伸出舌头，在暗红色的犁铧上舔过，我看见舌头舔过犁铧的地方，温度降低，出了一道暗影，随即又因温度的恢复，暗影消失，犁铧的颜色恢复成暗红色的一体。我以为，舌头舔在烧红的犁铧上，十有八九是会被粘住，至少会被烫伤，然而在人们的惊呼声中，毕摩再一次伸出舌头来从犁铧上舔过，神情自若，仿佛他正在舔食一块发红的冰块。既而，他用赤足，从暗红色的犁铧上蹉过，有细碎的火星从犁铧上飞舞起来，令人目瞪口呆。

"炼火"据说在磐安县已经延续了上千年，据说是源于上古的人们对火的崇拜，是狩猎时代篝火狂欢的节日遗留。我困惑的是，如果仅仅是对火的崇拜，那应该将它供在神龛上才是，为何炼火者要以征服的姿态，从火山上踩踏而过？场坝中，燃烧着的火堆释放出巨大热量，隔着七八米距离，我仍然感到热气像浪涛一样扑来，让裸露的皮肤有隐隐的灼痛。在古代，旅游还不是个产业，像炼火者这样的行为，他内在的动机究竟是什么？是不是，对于族群的延续来说，光吃饱了还不行，还得有一种面对未来的勇气？那些胆敢踏过火山的男人，身上仿佛具备了某种超越自然力量的神力，在村庄里都是一些被人伸了拇指称赞的汉子，有了他们作

为榜样，人生的许多坎坷就算不了什么，火山都能够赤足蹚过去了，还有什么人生的困难不能克服？

（六）

突然，急促的琵琶声在身旁响起，急促的弹奏，让空气突然变得紧张。仿佛置身于古代两军对垒的战场。偏过头去一看，这才发现胡公祠堂的左右两边，各摆放了一排大鼓，每一个大鼓后面，都站着一位身穿迷彩服的姑娘，她们手握鼓槌，等待着命令。当指挥发出指令，姑娘们手中的鼓槌整齐挥起，再一齐砸在鼓面上，咚咚咚的声音回荡在夜空中。二十来个炼火者从胡公祠里鱼贯而出，他们裸露上身，腰束白布，穿着蓝裤，赤裸双脚，手持砍刀，像即将出征的武士。围绕着燃烧的火堆绕了一圈又一圈。这时的火堆烧得越发旺盛，火苗从木炭缝隙里蹿了出来，通红的巨蟒缠绕在了一起，吐出了危险的信子。

火场的四周，火把在静静燃烧，不为照明，只为烘托气氛。炼火队伍中的带头大哥，一位身材略胖的中年汉子，将一张张黄色的绵纸平铺于胡公祠前的地上，炼火者净足，踩于其上。我好奇，怀疑那张薄薄的绵纸真能抵御一会儿足下的高温？或许它只是一种护身的心理暗示。带头大哥神情凝重，东南西北，他面对着火堆，弯腰，将乞求火神护佑的文字用食指写于地上，并作揖乞拜，喃喃自语。这是一个乞求神力加持的过程，缓慢，庄重，严肃。

这是一套繁琐的仪典，是从农耕文明时代延续下来的，它隐藏着我们人类与火神达成的某种默契。我想，在古代，这种仪典在中国大地上比比皆是，面对高山、河流、大树、雷鸣，甚至一口水井，一块稻田，人们都心怀敬畏，他们知道，养活自己的不仅靠自己的辛勤劳动，还得靠自然之神的恩赐。感受、靠近、试探、触碰，他们在长久的相处过程中，知道自然的底线，平时不敢随意逾越。所以，面对自己踏过无数次的火山，带头大哥还是不敢大意，他满脸严肃，带着某种犯了错误的表情，乞求自己的行为得到火神的谅解。

鼓声越发急促，仿佛在催促勇士们尽快出征。所有的仪式做完之后，一位汉子将火山挑开，炭堆上突然冒出浓烈的烟火，无数细小的火星升腾起来，我看见带头大哥手举平头刀，从胡公祠大门的方向冲向火堆，他义无反顾，他用刀头搅起一片炭火，赤足踏上火山，跟随其后的队员如法炮制，一时间火星四起，烟尘弥漫，仿佛远古时的血腥战场就呈现在眼前。由北往南，炼火者的赤足一次次踏上火山，原本堆成小山的炭火低矮下去，中间有赤足踩踏出的一条豁口。当这群炼火者再从西往东冲过火山，原本一米多高的火山，变成了一片火海。有风掠过，地上燃烧着的木炭发出耀眼的光芒。炼火结束，有人在火海中用扫帚扫开一条

通道，我们穿鞋从中经过，热浪袭来，呼吸变得困难，刚才围观的人们鱼贯而过，据说穿过火山，从此事业红火，生命平安。

不仅是"炼火"。在磐安，我们还看到人类一路走过来的许多记忆。赶茶场、迎大旗、叠牌坊、祭孔、迎胡公、赶庙会、织带、吹打……还有数不胜数的饮食制作诸如磐安粉干、大盘发糕、传统薯糕、香榧炒制、蒜饼制作……很难想象在信息时代的今天，磐安人还用他们的日常生活，为我们人类保留了农耕文明无数令人怀想的遗存。顺其自然、处变不惊、我行我素，让我们能够借助这些遗存，洞悉我们祖先的生活方式和场景。从这个意义上说，我们可以把磐安看成是中国农耕文明的诺亚方舟。今天，当人类的农耕文明被工业化的浪潮冲得七零八落，是磐安将它们保留下来。因此，把磐安看成是中国农耕文明的博物馆也不为过。大山便是博物架，无数的非物质文化遗产则是它的馆藏品，而充满非凡勇气的炼火，则可以看作这座农耕文明博物馆的镇馆之宝。

胡性能

（原刊载于《中国作家》2021年12期）

作者简介：

胡性能，中国作家协会会员，中国作家协会第九届、第十届全国委员会委员，云南省作协驻会副主席，云南省作协《文学界》

后记

　　磐安是浙江中部的一颗明珠。她是钱塘江、瓯江、灵江和曹娥江四大水系的源头，也是天台山、括苍山、仙霞岭、四明山等山脉的发脉处，有"群山之祖、诸水之源"之称；她风景秀丽，环境优美，空气清新，被称为"浙中盆景""世外桃源""天然氧吧"；她还是中国药材之乡、中国香菇之乡、中国生态龙井之乡、中国名茶之乡、中国茶文化之乡、中国香榧之乡、中国舞龙发源地、国家生态县，并于2019年入选中国最美县域榜单。

　　得天独厚的自然地理环境，孕育出了磐安丰富多彩、各具形态的优秀民族民间文化艺术。众多底蕴深厚、极具山乡特色和原生态乡土气息的民间风俗文化项目，不仅滋养了一代又一代磐安儿女，也随着时代和传播媒介的发展为越来越多的人所熟知，并受到社会各界人士的关注和喜爱。

　　本书所讲述的炼火，就是磐安优秀民俗文化的典型代表。

　　磐安炼火的源头，可以追溯到原始社会先民们对火的崇拜。千百年的发展过程中，炼火在不断融入当地的各种民俗文化元素的同时，也充分保留了其初始的文化形态，是研究传统民俗文化的"活化石"。炼火场景宏大，气势壮观，热闹非凡，表演集音乐、舞蹈、体育、武术、戏曲于一身，体现了中华民族百折不挠、自强不息、赴汤蹈火、勇往直前的人文精神。

和许多民俗文化项目一样，随着近年来社会的发展、民众科学文化水平的提高和生活方式的改变，磐安炼火的生存土壤也不断发生变化，这一古老民俗活动的研究和传承也成为摆在地方政府和社会各界面前亟待破解的一大难题。而要解开这一难题，就需要全社会对磐安炼火有足够的认识和理解。这也正是我们编撰本书的初衷。

本书编写过程中得到了浙江省文化广电和旅游厅领导、专家和磐安县领导的深切关怀和大力支持，在此深表感谢。由于编写者水平有限，与磐安炼火相关的文史资料稀少，文稿中一定还存在不少疏漏和差错，还望相关专家和同仁批评指正。

编著者

2023 年 1 月

图书在版编目（ＣＩＰ）数据

炼火 / 周琼琼, 陈浪浪编著 . —— 杭州 : 浙江古籍
出版社 , 2024.5
（浙江省非物质文化遗产代表作丛书 / 陈广胜总主
编）
ISBN 978-7-5540-2820-9

Ⅰ . ①炼… Ⅱ . ①周… ②陈… Ⅲ . ①风俗习惯—介
绍—磐安县 Ⅳ . ① K892.455.4

中国国家版本馆 CIP 数据核字 (2023) 第 243434 号

炼 火

周琼琼　陈浪浪　编著

出版发行	浙江古籍出版社
	（杭州市环城北路177号　电话：0571-85068292）
责任编辑	石　梅
责任校对	吴颖胤
责任印务	楼浩凯
设计制作	浙江新华图文制作有限公司
印　　刷	浙江新华印刷技术有限公司
开　　本	960mm×1270mm 1/32
印　　张	5.875
字　　数	109千字
版　　次	2024 年 5 月第 1 版
印　　次	2024 年 5 月第 1 次印刷
书　　号	ISBN 978-7-5540-2820-9
定　　价	68.00 元

如发现印装质量问题，影响阅读，请与本社市场营销部联系调换。